[美] 朱昂 ● 等著

与时俱进的投资

多元均衡风格的
价值投资逻辑

INTERVIEW
WITH TOP
CHINESE
MANAGER

Invest With Balanced Approach

机械工业出版社
CHINA MACHINE PRESS

本书通过对国内业绩突出的多元均衡型基金经理进行深度访谈，分享和总结了这些明星基金经理的投资理念、投资逻辑、选股策略等。多元均衡型基金经理关注投资组合的长期价值，并且能够跟随趋势，与时俱进，敢于逆势而动，把握成长中的价值。作为市场中的买方，基金经理的投资理念对投资者具有更实用的学习参考价值。本书中访谈的基金经理都活跃在投资一线，书中总结了他们的投资理念精华，以便投资者学习借鉴。

图书在版编目（CIP）数据

与时俱进的投资：多元均衡风格的价值投资逻辑 /（美）朱昂等著 . —北京：机械工业出版社，2024.5

ISBN 978-7-111-75691-0

Ⅰ.①与… Ⅱ.①朱… Ⅲ.①投资 – 基本知识 Ⅳ.① F830.59

中国国家版本馆 CIP 数据核字（2024）第 084383 号

机械工业出版社（北京市百万庄大街 22 号 邮政编码 100037）
策划编辑：王 颖 责任编辑：王 颖
责任校对：郑 婕 李 杉 责任印制：李 昂
河北宝昌佳彩印刷有限公司印刷
2024 年 7 月第 1 版第 1 次印刷
170mm×230mm · 16 印张 · 1 插页 · 171 千字
标准书号：ISBN 978-7-111-75691-0
定价：79.00 元

电话服务 网络服务
客服电话：010-88361066 机 工 官 网：www.cmpbook.com
010-88379833 机 工 官 博：weibo.com/cmp1952
010-68326294 金 书 网：www.golden-book.com
封底无防伪标均为盗版 机工教育服务网：www.cmpedu.com

从 2018 年第一次开始写基金经理访谈至今，经历了整个资产管理行业一轮完整的大周期，这样的周期或许放到历史上都不多见。2018 年，A 股市场还处在一轮深度熊市中，市场上新发基金产品很少，整体主动权益的规模也不大。当时市场上鲜有专业的基金经理访谈，我在 2018 年为数不多的几篇文章得到了业内许多人的认可。

到了 2019 年，A 股市场逐渐开始复苏，许多主动权益基金在那一年取得了 50% 甚至更高的收益率，市场上新发基金产品越来越多。到了 2020 年，整个主动权益市场出现了大规模的扩容，甚至出现了此前并不多见的比例配售，也有好几个基金经理跃升为管理规模超过 300 亿元，甚至 500 亿元的顶流基金经理。其中有不少基金经理，我是在其规模比较小时就做了访谈的。

之后进入 2021 年的大分化市场，核心资产从那一年春节后就开始见顶，取而代之的是新能源、周期、低估值红利等行业或风格。自那一年开始，已经有不少基金出现一定的回撤。再到 2022 年、2023 年连续两年的基金熊市（其实 2023 年有约一半股票是上涨的，只是基金重仓股大多出现了下跌），2024 年开年出现了一波量化产品大幅回撤，这也带来了一些调整。主动权益基金无论是发行规模、保有量，还是大家的认可度，都暂时进入了冰点。

前两年出了三本基金经理访谈的图书后，也有人把书中一些基金经理的业绩做过回溯，有些受访者从访谈之后业绩就出现了比较大的调整，也让我唏嘘不已。从 2018 年的权益低谷，到 2019 ~ 2021 年的权益资产和公募基金大发展，再回到权益资产的低谷。这也让我认定，这本书的出版或许能见证下一轮行业的大发展。

当然，我见证的周期，不仅仅是主动权益基金的起落。从有记录的文章可知，点拾投资应该是全市场第一个做公募基金经理深度访谈的自媒体。在我之前，基金经理的访谈只涉及一些简单的市场观点，刊登在一些财经报刊上。即便有一些较为知名的基金经理访谈，也都是围绕那些私募大佬写的。所以在我写基金经理访谈之前的年代，投资者买基金的时候可能并不了解基金经理的投资框架和体系，只知道他的历史业绩。

相信许多基金行业内的人都会认同一点，点拾投资从某种意义上，在改变这个行业的发展业态。从我们开始访谈之后，越来越多的基金经理开始理解，需要更好地让基民了解他们的投资体系。于是，我们在这些年看到许多基金经理的直播、线下活动，以及大量访谈基金经理的自媒体崛起。

曾经也有人问我们，会不会担心同质化的自媒体太多了，给点拾投资带来一些影响。每一次我都是笑笑，因为我深知大部分人是无法长期坚守的。拉长来看，耐心的价值会超过许多人的想象。我们一直坚持做基金经理访谈，无论是在顺境还是逆境。相信一轮周期下来，到底谁在认真做事，大家一目了然。就像许多传统行业的龙头公司那样，等到一轮周期结束后，龙头公司的竞争优势会越来越明显。每一轮熊市，都是对不坚定者的出清。

在这本书中，我们会看到十多位风格迥异的均衡多元风格基金经理。这本书的基金经理访谈也跨越了多个年份，有些是在2020年访谈的，也有些是在2023年访谈的。什么时候访谈并不重要，重要的是这些访谈的内容可以穿越时间，带给大家不同的投资视角。

在中国，很少有人能持续长时间、高频次地访谈基金经理。这是我至今出版的第四本书，我也希望能通过这种方式和大家一起见证历史。

朱昂

点拾投资创始人

2024年3月3日

| 目 录 |

第 1 章

成功的投资由概率驱动

访谈对象：周云

访谈时间：2022 年 12 月 7 日

　　我书桌上有一张和周云的合照，是参加他公司举办的读书分享会时抓拍的。我很喜欢这张照片，镜头中的我特别自然放松，拿着话筒侃侃而谈，坐在一边的周云面带微笑安静地聆听。在那次活动中，我们分享了同一本好书：丹尼尔·卡尼曼的《思考，快与慢》。

　　我和周云都研究过行为金融学，也都特别注意不要让快决策的思考方式影响自己的行为。

　　在这次访谈中，周云再次谈到了思考方式的"快与慢"，并阐述了价值投资收益的来源，以及为什么价值投资看似简单，做起来却那么难。周云认为，价值投资的本质是买企业的自由现金流，而估值则是要为此支付的成本，支付的价格过高，自然会影响投资的收益率。这就回到了好公司和好价格的权衡上，价值投资在本质上并不只是买好公司，还要用合理甚至低估的价格去买好公司。

许多人会问，世界是公平的，你怎么能确保用便宜的价格买到好公司呢？如果这个世界上的便宜都给你占了，别人又为什么要参与到投资这个游戏呢？这就涉及价值投资收益来源的关键。很多时候大家能够用好价格去买，是因为某些好公司的股价短期不会上涨，没有催化剂，甚至还是下跌的。羊群效应会让人用快决策代替慢思考。试问一下，我们做投资之前是不是常常会问朋友：短期有啥股票会涨？

许多人认为，做时间的朋友就是长期持有优秀的公司。周云曾用《基业长青》中的案例来阐述他的观点——选出来的优秀企业最终是跑输标普 500 组合的。这是因为，当大家都认识到某家公司是好公司的时候，其股价绝对不会便宜。你买得贵了，收益率自然就不行了。

人们总是高估自己预测未来的能力，事实上连芒格都错判了可口可乐的未来。要知道，他可是世界上最优秀的价值投资者之一，也是可口可乐长期的股东。连芒格都会错判可口可乐，更不要说我们这些普通人了。这就带出了我们访谈的下一个重要话题：投资收益是概率驱动的。

要长期做好投资，不能仅依靠自己的预测。股票之所以提供了超越现金和债券的回报，是因为其中短期的回报非常不确定。收益率是不确定性的一种补偿。这就是为什么专业投资者要做组合，通过组合投资实现更高的投资胜率。这就如同打牌，只要保持 50% 以上的胜率，玩得越久，赚到的收益就越高。

长期做概率的朋友，是做时间的朋友的基础，否则时间越长，可能你亏的钱就越多。

价值投资知易行难

朱昂：能否先谈谈你是如何看待价值投资的？

周云：价值投资理念实际上并不复杂，我举一个简单的例子，能更好地帮助我们理解。假设一家公司的业绩没有增长，而且只存续10年，也就是说一家公司从第1年到第10年业绩不增长，从第11年起业绩为零，也不考虑资产的清算价值。在这种简单的情况下，因为没有再投资，利润可以近似地认为是自由现金流。

我们来看看以不同估值购买这家公司收益率会怎样。很显然，在10倍市盈率以上买，收益率是负的，因为公司只存续10年，我们付出的成本比未来10年利润的总和还要高；以10倍市盈率买，那么这笔投资的收益率会无限接近于零；如果我们以5倍市盈率买，收益率大约为20%；如果我们以3.3倍市盈率买，这笔投资的收益率会高达40%。收益率的计算实际就是现金流折现（DCF）估值模型的逆过程。从这个例子中可以看到，我们以不同的估值买入，最后的收益率会有显著的差异，而且以低估值买入产生的高收益并不是靠市场的炒作，我们赚取的是公司经营的利润。

所以价值投资的本源归根结底就是一句话："买股票就是买公司的自由现金流。"在上述例子中，我们要买的是均匀分布在未来10年的自由现金流，而估值是我们要支付的成本，成本的变动显然会影响收益率的高低。价值投资非常强调低估值，从纯价值的角度看，低估值带来的高回报几乎是价值兑现的唯一路径。

　　价值投资也强调，买好公司是因为公司未来的经营是很不确定的，只有好公司才能最大程度地保证它实际的现金流和我们预期的一致，甚至超出我们购买时的预期。依然以前面的例子进行说明，假设我们以 5 倍市盈率买入，期望这家公司能存续 10 年，获得 20% 的回报，但是很遗憾，公司因为经营不善，5 年就倒闭了，那么我们的回报就是零；如果 4 年就倒闭了，我们的回报就变成了负的。这就是一个典型的价值陷阱。

　　在上述例子中，因为买入时的估值比较便宜，所以我们能看清未来 10 年公司的经营即可，但是对于很多 30 ～ 40 倍市盈率甚至估值更高的公司，如果仅以价值投资的理念去购买，那么至少要定性地看清楚未来二三十年公司发展的大概情况。在这么长的时间跨度里，对于行业属性、商业模式、竞争壁垒等定性的判断就比较重要了。因此，在价值投资中，"好"和"便宜"是同等重要的。

　　朱昂：那么，你觉得什么是好公司？

　　周云："寻找幸运且能干的公司"是我们公司的核心投资理念之一，"幸运"和"能干"可以看成"好公司"的两个不同层面。

　　首先，我觉得幸运应该排在能干之前。一方面，伟大的公司都是时代的产物，很多我们曾经认为很优秀的公司在属于自己的时代过去之后，再能干可能也变得没有了意义。我最早是医药行业研究员，入行时医药行业还处于仿制药的黄金期，不少仿制速度快、销售能力强的公司当时都维持了非常快的利润增速，股价的复合回报也非常高。但是 2018 年仿制药集采之后，公司的这些能力就没有了用武之地，庞大的医药代表队伍甚至成为某些公司转型的拖累。

另一方面，相对于能干，我们对幸运的评价会更加客观一点，因为无论是对行业属性还是商业模式，抑或景气度，我们都可以做出相对客观的评价。而能不能干更多基于主观评价，容易受结果偏见的影响。避免结果偏见最好的方式是在公司经营不顺的时候，看我们是否还依然相信公司的能力，如果相信，那么置信度会高很多。我觉得对基金经理的评价也是如此，在基金业绩好的时候，会有很多理由来解释优秀的业绩，但实际上很可能只是结果偏见。如果在业绩不好的时候，我们依然能够根据逻辑或框架相信基金经理的投资能力，实际上更难能可贵。

其次，我们需要明白所处的世界是有灰度的，它不是一个非黑即白的世界，但是资本市场容易给上市公司贴标签。买市场公认的好公司，哪怕是长期业绩非常优异的公司也不一定会获得满意的投资结果。《基业长青》里列举的 18 家卓越的公司后期的股价表现就是最好的例子，这 18 家公司在成书前的 64 年中的平均股价涨幅是 SP500 指数的 15 倍，然而在成书后的 5 年，就已经跑输了指数，时至今日，这 18 家公司的表现非但大幅跑输指数，有几家已经被收购或者倒闭。究其背后的原因主要有三点：有些公司可能本身并没有那么优秀，只是幸存者偏差；有些公司的确很优秀，打败了所有竞争对手，却遗憾地输给了时代；还有些公司优秀且一直幸运，但是市场对它的预期太高，过高的估值导致股价表现一般。

最后，对"好"的判断实际上是非常难的，我们不能过高地估计自己的能力，要为犯错留有余地，这个余地就是足够的安全边际和合适的组合仓位。

朱昂：为什么价值投资实践起来那么难？

周云：第一个难点是对价值的判断。这个世界太复杂了，我们对未来的很多预测可能都是错的。而且预测的时间跨度越长，错误的程度就越高。1996 年芒格曾经在一次演讲中对可口可乐的利润和市值进行了预测，这个预测非常符合逻辑，也不激进，但是站在今天的角度看，芒格的预测错得离谱。即使像芒格这样的投资大师，对自己最熟悉的公司的预测都会出错，更不要说我们普通人了。

第二个难点是对人性的坚守。巴菲特过去 60 年只买了几十只股票，对于看好的标的，他可以一直等待，等到金融危机的时候才入手。这与我们每年较高的换手率和持股数量有很大的差异。

所以我觉得我们一方面要深刻理解价值投资理念，另一方面也要清楚在公募基金做不了纯巴菲特式的价值投资。

首先，纯价值投资需要很长的资金久期和考核期限与之匹配。

其次，价值投资通常以控制公司自由现金流为前提，但我们作为流通股东只能以分红形式兑现价值，中间隔着公司治理的巨大鸿沟。

最后，也是最重要的，作为普通人，我们的能力可能远低于巴菲特，而交易频率远高于他，纯粹的模仿只会是东施效颦。所以，除了价值判断，我们需要加上别的维度来提高投资业绩。

成功的投资应该是由概率驱动的

朱昂：你觉得如何才能做好投资？

周云： 其实价值投资并不是我们的终极目标，我们的终极目标只有一个：剔除运气成分以后，争取能够稳定地赚钱。谨慎地对公司的内在价值进行判断，坚持价值投资的基本原则是实现这个终极目标很重要的一方面，但是对大部分普通人来讲，仅仅依赖这一个方面还不足以有很好的投资业绩。

如果上升到更抽象的层面，我觉得成功的投资应该是由概率驱动的：

首先，我们需要一个底层逻辑自洽的投资框架。

其次，这个投资框架需要具有不随时间改变的概率优势。要么胜率很高，通俗地说就是赢面大；要么胜率没那么高，但是赔率很高，通俗地说就是赚大钱，亏小钱。总而言之，期望值必须是正的。

最后，投资者必须对概率优势的来源有非常坚定的信心，这样才能在运气不好的时候坚持下来而不发生风格漂移。

有以上三点作为保证，剩下的就是坚持与重复，因为根据大数定律，我们重复的次数越多，收益率便相对越稳定。

倾听市场的声音

朱昂：为什么要倾听市场的声音？

周云： 我的性格相对比较独立，过去很容易因为坚持自己的看法，而过早地站到了市场的对立面。事后的结果分两种情况，如果自己坚持的是对的，会得到相对较好的结果，但是整个投资过程会比较坎坷，效率并没有那么高；如果自己坚持的是错的，那么结果可能会比较差。虽然在做每一个决策之前，我都会自信满满，但是作为一个普通人，实际犯错的概率远比预想的要高。认识到了这一点，我觉得加入新的判断维度帮助我们提高投资胜率是顺理成章的事。

投资收益无非来自两个方面：价值和市场。企业经营有一定的规律，市场也并不完全随机，这两点都可以帮助我们获取收益，而且并不矛盾。回想自己过去一些成功的投资案例，主观上都是从价值的角度出发，最后赚了钱。我以为自己成功地预测了真实世界的情况，但实际上只是假设条件和逻辑演绎被市场接受和认可了而已。我们曾经以为的 Alpha，事后来看很多只是某种风格或者因子的 Beta。

对我来说，投资方式的改进首先就是不要轻易站在市场的对立面，与 Beta 作对，只有当市场情绪演绎到极致，明显违背常识的时候，才可以这么做。其次，如果自己心态平和一点，掌握的工具更多一点，就可以获取一部分聪明的 Beta 的收益。最后，我觉得坚持对公司基本面的研究，对价值规律本质的思考，在一定程度上依然可以帮助自己获取一部分 Alpha 收益。

朱昂：价值投资强调独立思考，这似乎又和倾听市场的声音有矛盾，你怎么看这个问题？

周云：康德在《纯粹理性批判》中说过："我们永远无法认识

事物自身，我们所有的知识，仅仅是被我们主观加工之后的，对事物的映射而已。"事实上，我们不仅生活在一个真实的世界里，也生活在一个观念的世界里。

股票投资也是一样。股票可能是永续的存在，市场会不断地交易未来的预期。但股票背后，绝大多数公司都没有一个稳定的终局，可能上升势头结束后，会因为行业或者竞争的原因走下坡路。如果说一定要有个终局，可能每个公司的终局都是倒闭。在资本市场，这意味着没有绝对的真理，只有新的共识替代旧的共识。

价值投资本质上是一个寻找真理的游戏，最大的风险是坚守了一个错误的东西，并不断加仓。真实的世界是变动不居的，真正不变的东西很少。拉长历史来看，产业有更替，公司有兴衰，我们不可能永远先知先觉地买在最底部。回顾很多经典的价值投资案例，我们会发现它们也是在一个更大的趋势里做逆向投资，所以适当的趋势思维是很重要的。

虽然"独立思考"和"倾听市场"看上去是一对矛盾体，但我觉得好的投资恰恰是矛盾的完美结合。

朱昂：组合管理层面，你是怎么做的？

周云：我前面提到，成功的投资应该是由概率驱动的，我们不能期望自己每一笔投资都是成功的，这也是组合管理的意义所在。不同标的在组合中扮演不一样的角色，给定胜率和赔率，凯利公式则提供了一个最优下注比例。虽然真实的投资远比凯利公式复杂，但这个数学原理还是能定性地告诉我们，哪些投资机会适合重仓，哪些投资机会适合轻仓。

适度分散对于提升组合收益、降低波动率有很强的意义，分散是投资世界中几乎唯一的免费午餐。我们简单地以 90% 的沪深 300ETF 和 10% 的十年期国债做一个组合，每个月底进行一次仓位再平衡，会发现这个组合的长期收益率比满仓沪深 300ETF 更好，背后的原因是在沪深 300 指数波动比较大的时候，组合进行了被动的加仓或减仓。

适度分散与合理下注是组合管理最重要的两个原则，从某种意义上讲，这两点对于基金经理的重要性甚至超过了选股本身。

价值投资者都有相似的性格

朱昂：这几年中，在面临压力很大的时候，你如何抗压呢？

周云：我的性格偏内向，但是个性比较独立，在面对压力的时候可能更多的是对内求索。其实每一次因为做得不好而自我反思的过程都是自己进步最大的阶段。此外，对于自己想明白了的事，哪怕全世界不认可，我也会坚持，只要能睡得着觉就行。

其实投资是一件很辛苦的事，因为它反人性，所以过程中会有很多内耗。一方面我们需要找到一种投资方法，既符合自己的性格特征，又符合投资的客观规律；另一方面，投资本身也是一个修心的过程，我认识一些投资做得好的老师与前辈，发现他们越到后来越真实和平和。

朱昂：你觉得自己这些年最大的进步在哪里？

周云：最大的进步是认识到自己是一个普通人。我 2012 年刚开始做投资的时候，有位领导问我："周云，你觉得怎样才能做好投资？"当时他没有告诉我答案。做投资的头几年一直顺风顺水，自然不会想这个问题，后来在投资上跌跌撞撞，反思了很多，也摒弃了很多。对于这个看上去简单，但又很本质的问题，我现在是这样想的：能够引领我们成功投资的不是智商，而是内在的反省心智，认识到自己是个普通人是自我理性的开端。

作为普通人，我们每个人都有自己独特的性格，也会形成自己风格的投资方式，只要投资方式的内在逻辑是自洽的，长期是有概率优势的，我们就应该坚持。每一种策略都不可能一直表现优异，但恰恰是这种多样性给了投资者更丰富的选择。

投资理念与观点

▶ 买股票就是买公司的自由现金流。

▶ 我们要买的是均匀分布在未来 10 年的自由现金流，而估值是我们要支付的成本，成本的变动显然会影响收益率的高低。

▶ 我觉得幸运应该排在能干之前。一方面，伟大的公司都是时代的产物，很多我们曾经认为很优秀的公司在属于自己的时代过去之后，再能干可能也变得没有了意义。

▶ 我们的终极目标只有一个：剔除运气成分以后，争取能够稳定地赚钱。

▶ 适度分散与合理下注是组合管理最重要的两个原则，从某种意义上讲，这两点对于基金经理的重要性甚至超过了选股本身。

第 2 章

时光淬炼，价值重剑

访谈对象：陈一峰

访谈时间：2023 年 2 月 22 日

当我知道有机会访谈陈一峰时，还是蛮兴奋的。陈一峰算是 A 股市场上价值风格的代表人物，拿过很多奖项，包括市面上主流的三年、五年、七年期的金牛奖。在 2015 ～ 2022 年全市场 432 只主动权益基金中，只有 11 只能连续 8 个完整年度跑赢沪深 300 指数，其中由同一位基金经理管理的只有两只，其中一只就是陈一峰的基金。

陈一峰非常低调，几乎不怎么接受外部的访谈，公开的路演和直播也极少，这让他在今天的 A 股市场显得略有一些神秘。外界知道陈一峰的标签是"价值"，他是怎么把价值投资中的超额收益提取出来的，是如何持续战胜市场的，却很少被人熟知。

让这一次访谈更有意义的是，我和陈一峰做了一次三年投资体系的回顾。在 2020 ～ 2022 年的三年中，价值风格遇到了持续的逆风期，陈一峰也做了不少对自己投资体系的思考。他把曾经的低估值策略，逐步转向了高质量策略，整个组合的估值相比三年前有所抬升，但是质量也相应更高了。质量决定胜率，高质量的公司确定性更高；估值决定赔率，低估值的公司隐含收益赔率更高。换句话说，陈一峰从赔率优先转变成了胜率优先。

为什么会有这样的转变呢？我觉得和市场环境有关。我们交流的时候，正好处在 2022 年熊市之后，2023 年又出现的下跌中。陈一峰或许从对市场更为积极的角度出发，在投资上变得更具有进攻性了。

当然，陈一峰的底层价值理念没有任何变化。他身上有一个很鲜明的特点，就是看重对公司的深度研究。A 股市场已经有超过 5000 家公司，每天涨停的股票也不少，但陈一峰只专注于符合自己高标准的公司。他设立了一个很高的基本面门槛，把绝大多数公司都剔除掉了。作为一名基金经理，陈一峰的换手率是行业最低之一，这意味着每一笔买入决策他都做过深度思考。同时，低换手率也代表着一个基金经理自下而上的研究深度。

对于个人投资者来说，换手率也是一个值得思考的问题。我们是不是真的愿意持有一只股票很长时间呢？我们是不是真的愿意长期陪伴一家公司呢？长期持有要求我们必须对一家公司有深度的认知。但是，价值投资者也不能抱着一只股票不动，而是需要不断进化。在这篇访谈中，我能感受到陈一峰在价值投资上的变与不变。

价值投资逆风期的进化

朱昂：2020 ～ 2022 年对价值投资选手而言是逆风的三年。在这三年里，你是如何扩展能力圈的，对于投资有哪些重要的感悟？

陈一峰：坦率地说，过去三年市场确实有较大的波动。大背景来自疫情，以及从中衍生出来的方方面面的影响。这导致在过去三年的前半段时间，价值的打法比较逆风。

在逆风期，不断扩展能力圈是我们一直追求的，这三年来我有两个心得：

第一，行业层面的能力圈拓展。我 2007 年入行，从地产、保险、银行以及周期品的研究起步，之后又看了几年互联网和传媒，然后开始做投资。

在过去三年，我对新能源、医药、互联网行业和其中具体的公司，都有了新的认识。新能源包括发电、整车、电池等细分领域，互联网包括传统互联网和新兴互联网等。

第二，研究产业周期的视角。按照产业经济学理论，一个公司的生命周期分为四个阶段：萌芽期、成长期、成熟期和衰退期。此前，我更多地对成长中后期和成熟期公司的研究比较深入，这三年我对如何认知萌芽后期和成长中前期的公司有了一些心得。只要公司的壁垒和行业的需求是明确的，即便在公司生命周期的前半段，我们也可以去做一些把握。

朱昂：相比于三年前的自己，你在投资上有哪些比较显著的提升或不同？

陈一峰：我仔细复盘了管理产品在过去三年的持仓变化，特别对比了期初和期末，总结下来我们的进化或者区别体现在三个方面。

首先，我们的进攻性更强了。在市场整体极其低估的时候，或者某个领域出现严重低估的时候，伴随着我们对产业和公司认知的加深，我们会在这些公司被低估时更为积极地出手，这时候的风险也相对比较小。

其次，我们对公司质量的要求有所提升。现在我们更关注一线的优质公司，除非在影响基本面的因素方面供需关系超过公司差异，优质公司的估值又显著高于二线公司时，我才会在二线公司中寻找机会。

最后，我们对公司研判前瞻性的要求，比三年前有了提升。研判内容包括公司自身的变化、供求关系的变化、竞争格局的变化等。

简单来说就是三点，进攻性更强、对公司质量的要求更高、对研判公司未来变化的要求更高。

认知优势是最本质的安全边际

朱昂：三年前大家对你的认知偏向于对估值的要求更高，现在你对质量要求提高了，进攻性也更强了，能否谈谈变化背后的原因？

陈一峰：我认为质量和估值都是非常重要的因素。我统计过中国资本市场长期以来超额收益真正的来源，发现这两个因素是同等重要的。

这些年在资本市场中不断实战与思考，总结下来，我还是希望更注重质量一些。在高质量公司短期受困、长期优势不变的情况下，用比较好的价格投资。在质量高的公司中选价格好的，而不是在便宜的公司中选质量高的。

我观察过历史上巴菲特投的两类公司，一类是以合适的价格买入的优秀公司，另一类是以便宜的价格买入的传统公司。当经济增速走向平缓的时候，第一类公司的表现要远远好于第二类公司。

投资平庸的公司有很大的机会成本，有时这些公司出的问题千奇百怪，即便有低估值作为保护，最后的结果不差，但中间的过程还是比较惊险的。

所以，我觉得更注重质量，对于规模较大的组合而言，可能会获得更好的结果。

朱昂：整体来看，你的投资组合估值仍是比较低的。优秀公司通常不便宜，用合理甚至低估的价格买，意味着你的认知相对市场有竞争优势，如何建立这种优势？

陈一峰：建立自己的优势需要一个过程，便宜是安全边际，对公司更深刻的理解是更本质的安全边际。

首先，我们的研究是聚焦的，有取舍的。我们关注的公司有一定的门槛，达不到特定标准的公司，就不应该花精力关注，否则重要公司获得的关注就会变少。

市场的涨跌未必能带来价值收益的实现。即便能，也不是每个人都能把握的。我们在心态上不贪婪，舍弃我们把握不住的机会。

其次，我们非常专注于深度研究。只有对一家公司进行了非常深入的研究，我们才会去布局。深度研究需要把公司的方方面面看清楚，包括财务报表的分析、公司的交流，以及对这门生意各个重要环节的理解、竞争对手和产业专家对公司的评价等。

深度研究需要投入大量时间，但是这个过程是可积累的。在看清楚优秀的公司后，市场的波动会不断给我们带来机会。当机会出现时，我们的敏感度就会比较高。我们把这个称为"可积累的深度分析"。

此外，我们比较重视对产业和市场规律的总结。每一个产业都有其自身的规律，我们会注重产业利润的变化，也会注重市场收益实现的规律。

最后，许多人都能看到机会，但在市场有极端考验时，大家常常会有一个想法，就是虽然公司有价值，但短期股价没机会或者短期市场风险太大。我会坚持反向仓位，在一个优质公司便宜的时候把仓位加上去。

我的整个研究过程始于聚焦优质公司，然后有一套可复制的深度研究体系和对产业规律的总结体系，并在组合层面做逆向投资，把握便宜时的投资机会。

难以复制的壁垒是最重要的标准

朱昂：你对研究的公司有比较高的标准，能否谈谈你如何定义好公司？

陈一峰：我从实业视角看公司，投的是公司所有权的一部分。比较简单的评判标准是，即便没有股票市场的成交，我依然真心希望拥有这家公司。

再往下分析，我喜欢的公司一定有难以复制的壁垒。我有一套详细的分析框架，从多维度去看公司的壁垒。对壁垒的难以复制性必须有清晰的感受，比如这个公司做的事情，市场上一般公司是做不出来的。有些壁垒具有时机性，过了这个时间窗口，别人就难以复制了，甚至公司管理层全部出来创业，也难以复制。我把壁垒放在公司标准的第一位，难以复制比快速的扩张能力更重要。

当然，如果公司能快速壮大，整体投资的过程会更好。找到既有高壁垒又处在较好产业阶段的公司，会让我们感到非常开心。如果两者并不能达到满分的状态，我觉得壁垒难以复制这一点更为关键。即便公司在一个平稳增长的阶段，也是不错选择。

朱昂：你非常看重 ROE，但为什么组合中的行业是分散的，并非集中在几个天然高 ROE 的行业？

陈一峰：这个问题我也有过思考。低估值、高质量、高成长，是市场上很多人在追求的东西，在某一个时间点，人们甚至会只关注其中某一个因素。

我很注重高质量和低估值两个维度，这与对高 ROE 特别重视的选手有些不同，有些质量特别高的领域确实不太便宜。从长期视角分析，公司自身能够实现很好的回报。可是买入估值过高，站在投资者的维度考虑，预期回报就没有那么高了。

从产业视角看，我希望投资于未来有高 ROE 的公司。有时候，我们会买入一些当下 ROE 没有那么高，但未来 ROE 的变化向好甚至会达到较高水平的公司。我不希望买入一个存量的、未来易受攻击的高 ROE 资产。

从周期视角看，竞争无处不在。一个高 ROE 的资产，必然会遇到各种竞争，有时还会出现 ROE 的均值回归。我在组合上对单一行业有持仓上限要求，有一定程度的分散。

拿得住好公司比止盈更关键

朱昂：你的换手率很低，持股周期很长，这意味着对选股胜率要求很高，你是如何做到比较高的选股胜率的？

陈一峰： 从实业的视角看公司，一门生意从机会出现到快速发展，需要好几年时间。同样，如果我们把买入股票看成参与生意的一种方式，那么从看好这门生意到买入之后价值实现的过程，肯定也需要比较长远的逻辑。投资体系对选股的胜率和换手率，也有相应的要求。

对此我有两个感受：第一，高胜率需要很高的选股要求。要从一开始就强调聚焦在哪些公司，有什么门槛，做什么取舍。在选股的过程中，我通过投入大量的精力和时间，不停地做去伪存真的工作，把真正的好公司筛选出来，并且不断加深对公司的理解，分析公司在未来有哪些风险和收益，哪些挫败可能是根本性和毁灭性的，哪些下跌是短期性价比提升的过程。

第二，胜率和赔率在市场维度和金融工程维度是互相影响的。客观而言，从市场收益统计维度看，我肯定有胜率和赔率的取舍，也确实更注重胜率，忽略掉不那么确定但可能赔率更高的机会。

这并不是我在产业上刻意的选择，但确实是金融工程总结出来的结果。

朱昂：换手率低意味着持有时间很长，但许多公司上涨后，会不会变得不便宜，为什么不做阶段性止盈？

陈一峰：我们看巴菲特致股东的信，会发现他在漫长的投资生涯中有同样的困惑。比如巴菲特持有可口可乐几十年，其间估值低的时候到过 10 倍，高的时候到过 50 倍。到底什么时候是真正的便宜，便宜和质量又怎样去平衡，估值超过历史均值到什么程度需要减仓，以及具体减仓到什么程度？巴菲特最终的做法是尽量长期拿着一家公司，慢慢实现价值。

我们通过计算风险调整后的隐含回报解决这个问题。如果一家公司风险调整后的长期隐含回报比较低，我们肯定会在仓位上做一些调整。

在估值便宜和贵之间，有比较宽的中间地带。在这个地带中，公司自身的变化才是最重要的。除了最贵和最便宜的时候，在其他时间把握公司的特性，跟随公司长期成长，才是最关键的。

重仓股中有别于市场的认知

朱昂：从季报数据看，你管理的产品从很早起就重仓了某电池龙头，持有十多个季度，能否谈谈背后的原因？

陈一峰：因为是公开的信息，我可以谈谈投资的逻辑。过去三年指数的变化不大，可是高质量的优秀公司在这期间给我们创造了很大的超额收益。

对该电池龙头企业我们在很早就做了深度调研，在投这家公司的时候，虽然表观估值有 40 倍，但实际上处在非常便宜的状态。当时电动车补贴处于断档期，新能源汽车经历了产业发展的三起三落后，已经从早期依靠补贴慢慢转变为需求拉动。我们对报表做拆分的时候，观察到当期估值只有 10 倍，说明公司对产业链上的组织具有很强的议价能力。

我们很少看到一个在产业早期就有那么高议价能力和产业组织能力的公司。这种能力可能部分源于公司与另一家伟大的消费电池公司的渊源，其在消费电池领域当时已经做到了全球第一。公司积极发展，在动力电池产业很早期的阶段，就已经具备了非常高的认知。基于当时看到的一系列前瞻性指标，我们可以对公司未来的发展有较高的预期。

朱昂：对新能源电池这个行业，市场也出现过分歧。你能一直持有，肯定有和市场不一样的角度，能否谈谈你的理解？

陈一峰：从 2022 年下半年开始，市场主要有三个担忧：

第一，新能源汽车在国内的渗透率达到 30% 后，会不会出现增速下降？

第二，随着行业的发展，会不会出现供给跃升，导致供求关系逆转？在新兴产业发展到某一阶段时，往往会出现产能过剩的状态，会出现一定的利润危机。

第三，行业龙头的体量已经相当大了，经历了这么长期的发展，是不是会进入比较平庸的阶段，未来增长空间是不是没有那么大了？

我们对这三个问题，都有不同于市场的看法。

首先是市占率的问题。行业龙头的核心价值是用电池改变世界，动力电池只是其中一个维度。30% 的渗透率只是国内乘用车的市占率，商用车中电动车的渗透率在国内刚刚过 10%，在工程机械领域就更低了，其他交通工具也可能出现电动化。公司在储能领域也是全球龙头，市占率还高于动力电池领域，利润率也更高。这说明，一旦建立核心优势，多元领域的拓展空间很大，在这些领域打造更加清洁稳定的能源使用场景，是非常长远的事情。

其次是阶段性产能过剩的问题。最近一两年出现了碳酸锂价格的历史性上涨，这造成了非常高的成本限制。如果未来成本回归，相信会带来对需求的重大推动。此外，我们观察了全球其他的动力电池巨头，利润率和行业龙头都相差甚远。这个利润率差异还可能因为公司的竞争优势而保持甚至扩大。我们觉得公司供给体现优势的过程并没有收敛。

最后是行业龙头市值过大后是否会变得平庸。增长最快的阶段也许已经过去，但如果我们仔细分析新能源产业的总量，会发现未来还有很大的发展空间。我们仍要看未来发展的空间和可能性，不能因为市值过大就觉得一些龙头公司会变得平庸。

朱昂：季报显示你也配置了煤炭行业，许多人觉得煤炭股是上个时代的周期股，你的看法和市场有什么不同？

陈一峰： 我们仔细梳理了过去 10 ～ 15 年能源投资的状态，因为煤炭、石油、天然气之间都有互相替代性，能源的投资和经济周期、新能源发展、政策松紧以及人类对于绿色能源追求的迫切程度都有相关性。

我们在研究中发现，煤炭行业在之前连续 7 年投资下滑。随着经济的发展，我们对于能源的需求是会不断稳步上升的，这就出现了供给落后于需求的局面。再叠加全球市场的突发事件，对能源供求关系带来了剧烈影响，这也强化了煤炭供不应求的状态。

我们对煤炭股的投资也会根据长期的隐含回报进行调整。从中期角度看，超额收益的阶段可能还会持续。

重仓股必须进行多次调研验证

朱昂：你之前说过一年要做 100 次调研，如何分配研究上的精力？

陈一峰： 100 次调研是我早期说过的大概数字，疫情的出现让我们调研的形式有了多种变化，比如线上会议工具的使用频次出现了比较大的提升。在这个过程中，我们每年对重点公司都会进行反复调研，重点公司一年可能会达到 4 次至 7 次。

即便有那么多次的调研，考虑到我们聚焦组合的状态，整个过程还是可控的。对于多数公司的判断，我们始终坚持自身通过一手调研去验证。

朱昂：你在调研中很重视管理层，但是看人是非常难的，如何识别优秀的管理层？

陈一峰： 这个问题我还挺有感触。十几年前刚开始做研究员的时候，我就发现有时和管理层交流，反而会影响判断的有效性。

如今，我觉得对管理层的判断肯定需要长期的思考分析和历练。落实到方法上，我觉得有几点比较重要。

第一，听其言观其行。优秀的管理层不仅要有战略眼光，也要有很强的执行力。我们可以通过产业链调研和公开业绩报表对管理层的言行是否一致进行验证。

第二，需要兼听则明。可以通过多个信息源去了解公司的管理层，比如公司的上下游和竞争对手以及行业内相关的第三方专家。

第三，建立全面视角。我们知道公司内部有多个不同角色，有抓管理的，有搞研发的，有干销售的，大家的视角和信息特点肯定不一样。通过与不同岗位人员的交流，久而久之就会对管理层有正确的认识。

在经过了很长时间的实践后，我们也逐渐建立判断管理层的辨识能力。

朱昂：在组合构建上，你是完全自下而上，还是有一些其他管理组合的方法？

陈一峰：我不排除对于宏观层面，以及上、中、下游利润分配等方面的思考。其实，很多宏观信息也表达了行业的基本面，特别是在建筑、银行、地产等领域中。我们希望获得所有有价值的信息，但无论投资思路的起点是什么，最后都要落到某个具体的公司，这就需要对公司的认知深度有很高的要求。

发掘一个公司是很多元化的过程，可能起源于低估值、高质量或者高增长的特点。整体而言，自下而上对公司的深度认知，是我们投资体系的核心。投资思路的起源有各种各样的维度，我们不排斥对各种有效信息进行学习、归纳和总结。有的信息一天之后就没什么用了，有的信息一年之后就没什么用了，只有少数信息是一辈子都能用上的。重要的不是做出正确判断的频次，而是做出的正确判断的量级；持续做大量的决定，不如在接收大量信息后做几个大的决定。

朱昂：有些人会做选股上的组合对冲，你会吗？还是纯粹地自下而上选股？

陈一峰：我只做自下而上的选股。我也曾经想过这个问题，因为公募基金有排名和跟踪误差的要求，会隐含在我们的组合管理中。不过，我觉得自己这种以选股为主的组合管理方式，长期也没什么问题。一是我会对单一行业的投资设置上限，迫使我们进行多元化思路的捕捉，组合不至于偏颇在某一个维度上。二是我看过的行业还算多，能够从多个不同的角度去发现机会。

未来三年仍有丰富的超额收益机会

朱昂：长期持仓需要很强的定力，你是如何做到的？

陈一峰：其实 2022 年的市场环境对我的选股提出了考验。我把自己整个选股的流程和心路历程重新检验，发现投资系统是统一的，也在做对的事情。

我觉得整个投资体系已经经历了长期实践的验证，这套长期持有、坚持反向仓位的方法，是有效且可行的。我也在不停地拓展能力圈。能力圈是构建成熟心态、避免受迫性交易、形成"正确估值－仓位反向"关系的基础。

在经历了 2022 年的考验后，我们的心态变得越来越好了，也相信未来在这个维度上，能够做得更好。

朱昂：在投资生涯中，有没有一些跃升时刻或者一些至暗时刻，对你的投资理念产生较大影响？

陈一峰： 前几年出现过连续两三年对价值风格不利的阶段，代表价值风格的红利指数是连续跑输市场的。

在经历了逆风期之后，我对自己的体系和心态有了更客观的了解，对整套打法和心理真实的变化也都有了更多的认知视角。

我觉得自己的整个投资生涯，更多的是以渐进为主的变化。比较重要的是，我们应该从一个非常客观的角度去看待自己的体系和心态，只有这样，在变化的市场环境中，才能得到更有价值的总结，帮助我们不断进步。

朱昂：立足未来三年，从产业视角出发，你认为超额收益会源自哪些领域？

陈一峰： 我觉得未来超额收益的来源有两个方向。

一是很多产业未来三年有非常不错的发展前景，要努力把未来处在比较好发展阶段的产业挑选出来。在一个产业发展的好阶段中，找到能壮大的公司非常关键。

二是我重点关注的一批公司，它们的估值处在历史 30% 分位数左右。伴随着公司的周期向好，估值会出现相应的回归。疫情后产业发展有了更长期的动力，再结合当下较低的估值，甚至有可能出现盈利与估值双击的机会。

从行业的角度看，以新能源、煤炭、电力为代表的泛能源领域值得长期重点研究，互联网、医药、消费领域也有不少前景远大且估值合理的成长股。还有一些增速平缓但估值确实比较低的公司，多处在银行、建筑、精细化工等行业，也值得关注与挖掘。

投资理念与观点

▶ 只要公司的壁垒和行业的需求是明确的，即便在公司生命周期的前半段，我们也可以去做一些把握。

▶ 在质量高的公司中选价格好的，而不是在便宜的公司中选质量高的。

▶ 对公司更深刻的理解是更本质的安全边际。

▶ 我们关注的公司有一定的门槛，达不到特定标准的公司，就不应该花精力关注，否则重要公司获得的关注就会变少。

▶ 我的整个研究过程始于聚焦优质公司，然后有一套可复制的深度研究体系和对产业规律的总结体系，并在组合层面做逆向投资，把握便宜时的投资机会。

▶ 比较简单的评判标准是，即便没有股票市场的成交，我依然真心希望拥有这家公司。

▶ 高胜率需要很高的选股要求。要从一开始就强调聚焦在哪些公司，有什么门槛，做什么取舍。

▶ 除了最贵和最便宜的时候，在其他时间把握公司的特性，跟随公司长期成长，才是最关键的。

▶ 无论投资思路的起点是什么，最后都要落到某个具体的公司，这就需要对公司的认知深度有很高的要求。

▶ 重要的不是做出正确判断的频次，而是做出的正确判断的量级；持续做大量的决定，不如在接收大量信息后做几个大的决定。

第 3 章

用更高效的方式"翻石头"

访谈对象：周智硕

访谈时间：2022 年 9 月 27 日

周智硕能给我们带来一种框架体系的震撼，他对于许多投资环节都有深入的思考，这些思考也让他的业绩名列前茅。从周智硕的组合就能看到，他重仓了周期股中表现最好的煤炭，又重仓了新能源中表现最好的二线公司。可以说，市场上的主要机会都被周智硕抓住了。当然，业绩终究是一个结果，关键是基金经理实现业绩的投资体系。

投资中有一个"不可能三角"——胜率、赔率、频率，意思是高胜率、高赔率的机会出现的次数极少。而周智硕构建了一套投资体系，能够同时兼顾胜率和赔率。

胜率对应的是个股选择。周智硕发现，决定中长期投资收益的是企业的业绩增速。时间越长，业绩增速的有效性就越高。在选股层面，周智硕主要把握企业的中长期业绩增速，找到关键的矛盾并且持续跟踪。对业绩增速的久期拉到三至五年，判断正确的胜率就更高。

赔率对应的是组合管理。这里涉及两个要点：①单一头寸的风险收益比；②单一头寸带来的潜在最大亏损。

首先，在组合中对个股的风险收益比进行排序。基于选股层面的基本面判断，周智硕会对每一个公司做出上限市值和下限市值，从而得到一个风险收益比。

其次，在买入环节纳入两个约束条件：风险剩余和流动性约束。风险剩余是周智硕在长期实践中总结摸索出的组合管理体系，对每一个头寸都给予最大亏损比例，在买入的时候先控制一定额度，确保不会因为被动止损把阶段性回撤变成永久性亏损。

最后，如何解决频率的问题呢？答案就是不断地"翻石头"。在"翻石头"上，周智硕有一套高效的加减法体系。在"加法"上，他尽量不放过任何一个机会。如果在 4000 多只股票中选择 5% ～ 10% 的高性价比机会，那么就有 200 ～ 400 只股票入选。市场上提供 Alpha 的个股数量是充足的，但必须要对每一个投资机会保持敏感，因此，周智硕从入行以来，始终保持着每天刷上千条公告的习惯。

普通人听说一个基金经理靠"翻石头"覆盖几千家公司，一定会问他是怎么做到的，这就涉及周智硕的"减法"。他会把影响公司业绩增长的关键因素剥离出来，而不会覆盖 100% 的信息，从而大幅提高研究效率。他还是一个"白天不看盘"的基金经理，追求用整块时间阅读和做研究，在过程中获得心流。

白天不看盘的基金经理极少，周智硕是怎么做到的呢？周智硕认为，摧毁投资体系的最大风险是心态，为了避免自己陷入情绪化的交易中，他把投资做了流程化管控，在晚上就写好交易计划。此外，他还有写交易笔记的习惯，通过审视自己每一笔交易的对错，完全客观地审视自己，从而取得进步。

兼顾胜率和赔率的框架体系

朱昂：能否谈谈你是如何看待投资的？

周智硕：我是 2009 年入行的，2008 年找工作的时候，我拿到好几个不同的录用意向，有投行的，有咨询公司的，还有公募基金的。当时我思考了很久，最终选择了公募基金。这也和我的理想有关，我想成为受人尊重的"投资专家"。

我对投资有两个看法。

1. 投资是严肃的。投资最本质的是建立受托人和委托人之间的信任。建立信任是一件很严肃的事情。既然我的梦想是成为受人尊敬的"投资专家"，一定是希望帮基金持有人赚到长期的钱。

2. 投资也是快乐的。如果你和我的朋友聊，他们都会提到一件事——我入行以来，几乎每个晚上都把上市公司的所有公告看一遍。对于我来说，在"翻石头"的过程中，不断看到好的投资机会，为持有人赚钱，这是一件让我非常快乐的事。

朱昂：你在不同的市场风格中表现都很好，能否谈谈你的投资框架？

周智硕：这是一个很大的问题。我进入资产管理行业没几年就有了一个想法，如果将来做投资，不应该看相对收益排名，而是要给客户赚到钱。我在财富管理、私募基金以及后来做养老金的投资过程中，最核心的投资目标都是力争获得绝对收益。有了这样的目标后，意味着我的投资体系会避免押单一赛道。

朱昂：作为一名主动型基金经理，你如何实现这个目标？

周智硕： 首先，是投资中的胜率或者概率问题。大家谈到投资，通常都是从胜率或概率出发的。我有一点可能和大家不同，胜率的久期要比大家更长一些。为什么会这样呢？

我们先思考另一个问题：什么因素能够大概率帮助投资者取得绝对收益？我分析了全球主要资本市场，发现无论是在发达资本市场还是发展中资本市场，业绩增速比较高的公司，其中长期的绝对收益基本是比较高的。

我们再细化一下，从两个维度来验证。一个是业绩增速比较快的公司，大概率绝对收益都不错；另一个是涨幅比较多的公司，有 70% 左右是业绩增速比较快的。通过这两个维度交叉验证，能得到一个结论：业绩一定是实现绝对收益的出发点。

那么为什么我选股胜率的久期比较长？这是因为 3～5 年的股价涨幅和业绩变化是息息相关的，一年可能没有那么明显。这意味着，我对公司做业绩预测的时候，主要是思考 3～5 年大概率会怎么样。

短期看一两个季度，扰动公司业绩的因素太多了，很难看清楚，但如果把视线拉长到 3 年，自然而然就能找到影响公司业绩的最核心因素。

这其实和整理术相似。假设我们把所有的东西先扔到空中，然后去思考哪些东西对我们来说是最重要的，自然就能把那个最重要的东西从空中取下来。我们去做一个公司的财务模型时，要判断一两个季度很难，但要判断中长期的大概数字，其实大概率是可以确定的。例如判断一个公司是不是能做到 10 亿元利润，最后到底是 10.2 亿元还是 10.4 亿元，没有那么重要。理解了这一点，我在胜率维度把久期拉长了，确定性也更高。

其次，是投资中的赔率问题。要有好的赔率，就需要控制单笔投资带来的损失。从这个角度看，我是带着弱者思维的心态做投资的，能接受错误。接受错误有两点，第一点是不停地跟踪和反馈，不会因为持有效应有心理偏差。第二点是我比较独特的"风险剩余"体系。

风险剩余是对每一个头寸的风险预算。在一开始买入一笔头寸的时候，就要知道这笔头寸会给组合带来的最大亏损是多少。这样即便看错了，付出的成本大概率也是可控的。

我根据赔率来构建组合。因为有了胜率方面的业绩预测，我会假定基于目前的盈利增速，3 ~ 5 年后市场会给这个公司一个什么样的估值，这个估值作为估值上限。然后我会基于历史上可解释的估值模式，再给出一个估值下限。

我还有第二套估值体系，假设 A 子类比 B 子类盈利模式更优，我会把 B 子类的估值作为 A 子类的估值下限。

通过这两种方法，得到估值上限和估值下限，再乘以最大概率的盈利，得到一个向上的目标市值和一个向下的目标市值。再根据现在的市值，得到向上空间和向下空间，也就是这笔头寸的风险收益比。我会按照整个风险收益比从高到低进行排序，构建自己的组合。

可以看到，我在投资体系中选股看重的是胜率，组合构建看重的是赔率。

用风险收益比对组合做动态调整

朱昂：有意思，你的投资体系结合了胜率和赔率。

周智硕：我在构建组合的时候面临两个约束条件：流动性约束和风险剩余约束。这导致我最开始的时候会控制仓位，相当于在跟踪的过程中对组合做动态调整。

大家都说不可能三角，我自己也有一个不可能三角：胜率、赔率、频率。频率的不可能是指，绝大多数情况下，高胜率和高赔率不可能同时出现。我一直在思考怎么解决这个不可能三角。书给了我一些启发，接手了某中小盘给了我更大的启发。

在满足合同的前提下，该中小盘的投资范围可以涵盖除 ST 股票之外，每半年市值在前 60% 的股票。假设全市场总市值是 100 万亿元，取前 60% 就是 60 万亿元。全市场差不多 4700 只股票，多的时候只有 300 只股票不在中小盘界定范围，这意味着仍有 4000 多只股票可以挑选。在这 4000 多只股票中，假设 5% ~ 10% 是非常有性价比的，差不多就是 200 ~ 400 只股票。

这让我明白了一件事，高性价比公司的数量是充足的，通过不断"翻石头"，能够破解胜率、赔率、频率这个不可能三角。

为了实现这个目标，我愿意牺牲换手率。许多人分析我的组合，会觉得我有一定的交易技巧。其实我并不是做风格轮动或者行业轮动的，我是根据风险收益比做一定的再平衡。前面提到，我相信市场在 3 ~ 5 年的周期中会有效反映公司的业绩增长。我们每一个季度都会得到每一个公司业绩的变化和股价的变化。我做过一个统计，单一季度股价的变化，估值的作用远远大于业绩的影响，这就给我提供了一个类似套利的空间。

例如，同一类盈利模式的 A 股票和 B 股票，如果 A 经过了一段时间的上涨，而 B 被市场忽视了，这时候 B 的风险收益比显著高于 A，那么我就用 B 替换 A。替换之后虽然不知道哪个季度出现回归，但是把时间拉长后，组合里面的股票必然会逐渐进行回归。这种动态的组合替换，构成了我所谓交易上的超额收益。

总结来说，我通过不断"翻石头"，相信市场的长期有效性，利用短期不那么有效的特征做组合替换，解决了不可能三角。

用流程化避免冲动交易

朱昂：从胜率、赔率，到解决不可能三角，感觉你的投资体系考虑了很多环节，这背后的原因是什么？

周智硕：芒格说过，要去想什么样的问题最容易摧毁你的框架。我在构建完这套框架后，也去思考这个框架中可能的风险点是什么，哪些问题最容易摧毁这个框架。

我发现击溃基金经理最常见的问题来自心态，以及相关的一系列情绪化交易。许多人看得很准，但是为什么没有做好，就是因为心理上的偏差，导致没有客观对组合进行评价。

为了避免心态问题对投资带来的影响，我把整个交易环节做了流程化管理。我把投资看作一个过程来管理。比如，去调研上市公司之前，我会做许多专家访谈，先做大量的信息收集和整理工作，为调研做高质量的准备。在调研的过程中，去理解公司的核心因素是什么。之后再不断跟踪，不断用后验概率压过先验概率。当股票有了一个不错的风险收益比后，再纳入我的股票池。

要做到有效的交易执行，就需要把交易流程化。我会在前一天晚上把第二天的交易计划都写好，到第二天的白天就把交易计划发给交易员。我白天是不看盘的，也不会做盘中下单，避免出现情绪化的交易。

我做交易计划的时候，就预设好在基本面不发生重大变化的时候，每一笔头寸的进场和出场是怎样的。我每周、每月、每季度都会对交易计划进行回顾，每半年会对每一笔交易进行评分和评估。

交易评估的过程其实很反人性，会不停提醒我当时为什么做错、为什么做对。通过不断的交易评估，我取得非常多的进步。

朱昂：你是一个纯粹自下而上的选股型基金经理，但不同行业的商业模式不同，驱动因素也不同，你选股的覆盖面又很广，这是如何做到的？

周智硕：首先，我在适当的地方做减法，并且在一些领域做通用的挪移。我觉得对于基本面信息的收集和整理，只需要完成60%就可以了，但要抓住公司的关键因素。还有10% ～ 20%是通过跟踪获得的信息，其他的可能是对投资不那么重要或者关键的信息。我在做完模型后，会对每一个公司贴关键因素标签。只需要跟踪关键因素就行了。

其次，我喜欢做结构性和模块化的思考。搭建的模型多了以后，自然能找到一些共性。我每周都会问卖方分析师要一些价格数据。通过价格数据，我能找到一些线索，作为重要的触发剂。

当价格涨跌到了一定程度后,我会去检查里面的公司、产品的供需平衡表和成本曲线。可能每一个品种的供需平衡表和成本曲线都不一样,但是这里面很多上下游关系是相似的。

还有一个关键点:少做串联假设,多做并联假设。串联假设就是多个假设的概率复合。比如,假设 1 正确率 90%,假设 2 正确率 90%,假设 3 正确率 95%,最终串联下来正确率只有 76.95%。我则尽可能多地把并联假设做好,在和研究员交流的时候,我是可以直接和他们讨论模型的,都是对关键因素的讨论。

由于不看盘,我白天的时间安排会相对更专注。当你把时间整块化之后,就会产生所谓的心流。我同事都知道我有一个习惯,基本上一坐在那边,就不希望别人打扰我。等到我把整块学习时间用完,会有 5 ～ 10 分钟轻松交流的片刻,之后再用整块时间工作。通过专注工作,也能提升工作的效率。

朱昂:如果单一看你的持仓,有时候会给人一种自上而下做行业轮动的错觉,比如 2022 年你的组合同时重仓了旧能源和新能源,能否具体谈谈如何自下而上选出这些机会?

周智硕:如果把我的组合拉出来看,有一只煤炭股 2021 年一季度就进入我的前十大持仓。我并没有在 2021 年初就预测到 2022 年会出现高通胀以及能源方面的机会。只是在 2021 年那个时间点,公司已经体现了非常好的风险收益比。大家看我的组合,貌似我 2022 年对旧能源做了加仓,实际上是我对行业的供需平衡表和成本曲线做了拆解。

我们看该煤炭企业的资产负债表,过去那么多年的负债相当于一个蓄水池，大概率要先把自己的蓄水池蓄满，才能进行正常的业绩释放。当找到了关键假设后，我还要去跟踪，保证每一笔投资的潜在风险收益比都是可以衡量的。

新能源从 2020 年三季度开始陆续出现在我的组合中。有些看似主流，有些似乎不主流，甚至好像和新能源无关。对我来说，选股要从风险收益比的角度出发。从一个增速为 30% 的行业中选出一个增速为 50% 的公司，概率比在一个零增长的行业中选一个增速为 50% 的公司高。我的组合中有不少新能源相关公司，这些公司把新能源作为第二成长曲线，一旦成功，盈利就比较好，也会提供很高的风险收益比。

从我做投资以来，大家都给我贴上偏成长的标签。我在绝大多数情况下，并没有持有那么多白马股。原因很简单，那些风险收益比较高的公司，通常增速比较高，但是关注度又不高。这类公司是比较容易实现戴维斯双击的，但需要不断"翻石头"去找。大白马也会阶段性出现在我的组合中，这些公司在某个时间点能提供比较好的风险收益比。

回到你的问题，我组合中旧能源和新能源都比较多，主要是通过自下而上选股找到的。比如煤炭股，即便后面增速会下来，股息率也比较可观，风险收益比能算出来。

朱昂：你的收益分布很均衡，但股票市场是幂律分布的，极少数股票应该贡献绝大多数收益，你的收益均衡是怎么做到的？

周智硕：这里面有一个小技巧。资本市场往往对一个季度的业绩存疑，对连续两个季度业绩出色可能还是存疑，等到连续三四个季度业绩都很好，大家才会关注这家公司。大家公认的买好公司和长期持有好行业，主要是从胜率的角度出发。但是由于买入的时间点不一样，每个人的赔率是有差异的。

我既要胜率，也要赔率，所以不会做极致的长期持有，我会不停跟踪，看公司基本面发生了什么变化。

我自己有一个赔率保护机制，一个公司开仓买多少，什么时候加仓，什么时候减仓，都有一套很科学的流程化管理方法。我用组合管理的方式来保护每一笔头寸的赔率。

为每一笔头寸定制风险剩余

朱昂：关于风险剩余这套体系，能否再展开谈谈？

周智硕： 风险剩余这套体系的目标是，控制组合的最大回撤，尽可能不让自己在下跌的过程中被甩出去。市场上有很多控制回撤的方式，一种是严格机械化的方式，有一个最大回撤减仓的比例。还有一种是看 K 线图来控制回撤。当然，也有人不在意回撤。

每一只股票都有潜在上涨空间和下跌空间。当情绪宣泄的时候，公司的股价可能跌破最大下跌空间那个点。那么我的风险剩余，应该要留足。

假设我认为一笔头寸的上涨空间是 5 倍，下跌空间是 30%，风险剩余是 1.5%。那么，如果我买了 5% 的仓位，股价下跌超过 30%，我就要止损出局了。所以在一开始的时候，我不买 5%，而是买 3%，每下跌 10%，我加 0.5% 的仓位，跌破 30% 的时候我还能加仓，因为这时候给组合带来的最大回撤并没有超过 1.5%。

只要不出局，加上我一开始的判断没有错，底部起来涨到 5 倍的时候，会有约 7 倍的潜在收益空间。

朱昂：但越跌越买是不是也有一个度？许多散户最大的问题是，判断错了越跌越买，把一个错误的头寸变成最大的头寸？

周智硕：风险剩余是我的止损体系，不会出现越跌越买的情况。前面我提到过流动性约束，如果真的跌破最大回撤，我也要确保能卖得出去。假设我的风险剩余从 1.5% 变成了 2%，原来设置的 1.5% 就没有任何意义了。

还有一种情况是，修正我的风险剩余。假设一个公司对业绩做了很大的修正，那么原先的风险剩余就不再合适了。这也是为什么我非常强调用后验代替先验。基本面发生变化的股票，自然会被替换掉。

朱昂：也就是说，你的组合会做一定的再平衡？

周智硕：再平衡的意义是什么？在大多数情况下，再平衡会让你得到更强的稳定性，代价是牺牲一部分收益。我的再平衡是从风险收益比的角度出发，对同一类资产的股票进行不断比较。这里面很关键的是，要对同一类资产做比较。如果是对全市场资产做比较，意味着不断进行再平衡，会牺牲许多重仓股的效率。

重仓煤炭股是因为性价比太高

朱昂：能否分享一个有代表性的投资案例？

周智硕：我的每一笔投资都有交易笔记和交易计划，谈谈重仓的某个旧能源案例吧。这个公司有两个不同的模型，一个是简单的拆解，另一个是复杂的拆解。

先说简单的拆解。根据公司前一年公布的年报，能算出公司自有煤矿的量是多少，再按照行业的均价，测算出公司这一部分的利润是多少，这些都是通过公开信息能得到的。例如有一个上市公司主业在澳大利亚，披露的数据很详细，从中能得到公司海外业务贡献是多少。两者相加，得出公司的基础利润。

在基础利润之上，我们看到公司此前一年做了一个收购，当时上市公司做注入的时候写得很清楚，注入的煤矿比原有矿的开采质量要好。这意味着，注入矿的价格不会低于公司的均价，成本又大概率比原有矿要低，在煤价不变的情况下，能算出这一部分贡献多少利润。

所有这些数据的拆解，都让我得出一个结论：在煤炭价格不变的情况下，当时的估值大概只有 3 倍。以 2020 年的煤炭价格看，3 倍估值对应的并非基于价格顶峰的利润水平。我们还可以算出这个公司的股息率是多少，自然就能把风险收益比算出来。

再说复杂的拆解。我当时把国内煤炭行业的供需平衡表做了一下，得出一个结论：整个动力煤价格易涨难跌。由于资本开支的不足，以及一些历史遗留问题，我当时认为，煤炭长期的均价会在某个价格以上，甚至在冬天到来的时候，我们可能会见到另一个更高价格的出现。

我按照某个煤炭均价做了一个新的风险收益比，通过这个复杂模型的测算，得到的才是公司真正的风险收益比。对应的估值更便宜，股息率更高。在当时的我看来，这在未来几年都是很好的资产。

当我把这个公司和其他不同行业公司、不同盈利模式之间做比较后，发现这个公司的风险收益比确实显著高于绝大多数公司。

朱昂：像这种风险收益比显著高的公司，有些自下而上选股的基金经理一上来就买满了，但你似乎并不是这种风格。

周智硕：我在组合构建上遵循一个排序（风险收益比）和两个约束（流动性约束和风险剩余约束）。

有很多股票，按照风险收益比，我能买到 8 个点，但实际情况是，风险剩余并没有那么多，流动性也不好，我可能就买了 2 个点。

举个例子，一个标的风险收益比是 3，另一个标的风险收益比是 2.4，但前者的流动性和风险剩余没有那么充足，后者流动性好、波动率比较低，那么第二个标的就更容易被选入我的组合中，甚至仓位会超过第一个标的。

我会做一个股票池，这个股票池的作用是确保每一笔头寸、每一个投资机会的现在和未来都是可比的。股票池的体量是固定的，通过观察股票池整体的风险收益比，能感知市场的"温度"。假设我的股票池整体风险收益比不断下降，这意味着市场处在泡沫期，也可能是经济大萧条，"温度"不是很好。

股票池的另一个作用是能对细分 Beta 的机会做一些提醒。假设某一个板块突然有三只股票选进来了，就意味着有一些子行业共性的变化在发生。这些变化可能发生在盈利端，也可能发生在 ROE 端或者资产负债表端，但一定是一些能抽象出来的共性变化。

比较有趣的是，在 2020 年一次公司内部的基金经理画像中，我成了行业配置风格的基金经理，大家发现我的持仓集中在某几个行业。但其实我是比较纯粹的自下而上型选手，行业配置的情况是个股选择后的客观呈现。

朱昂：从业绩表现看，你对不同市场风格的适应性都比较强，这是怎么做到的？

周智硕：因为我放弃了短期的主题投资和相对收益的排名。只要把时间稍微拉长一些，业绩因子的有效性都是很强的。在过去那么多年的投资中，我发现只要按照绝对收益的策略做，相对收益排名往往会很不错。

每个晚上看上千条公告

朱昂：你前面提到，入行的时候就保持了一个习惯——每天看公告。现在上市公司数量越来越多，你还能坚持每天看完公告吗？

周智硕：我的工作习惯是，每天晚上 9 点陪完孩子就开始看公告，差不多平均每个晚上要看 2000 ～ 3000 份公告。我有一套比较高效的方法，不到 3 个小时就能把公告看完。

为什么愿意每天看公告呢？看公告往往能够唤醒组合的记忆点，让我能感知到公司的核心因素发生了什么变化，以及这个变化会带来什么结果，帮助我对这些公司进行更新。

市场上有两种浪费，第一种浪费是大家可能做了很多事情，但关键因素没找到。比如投周期股的时候，很少有人花精力做供需平衡表，都是看着现货价格做投资，没有找到公司的关键因素。

第二种浪费是你花了很多时间把计划做好了，但是第二天开盘一看涨了 3 个点，心态出现了变化，马上推翻了原来的计划。

朱昂：白天不看盘，完全做研究，内心不会波动吗？

周智硕：可能是因为我习惯于延时满足，而看盘是一种即时满足。我自己觉得看盘没有太大意义。

朱昂：规模的增加，会带来挑战吗？

周智硕：对我来说，有了投资目标后，做一个目标拆解，对应到不同的环节，每一个环节怎么做、如何细化，都是非常科学的东西。现在的规模还在自己的预期之内。

我投资的核心目标是不变的，在这个目标之下，我会看自己的体系能容纳多少资金。

学会接纳会犯错的自己

朱昂：你的投资生涯中有什么飞跃点或者突变点吗？

周智硕：我觉得投资方法的建立是一个螺旋式上升的过程。最初做投资，我会去捕捉交易性的机会。之后，通过我的交易笔记、交易计划回顾以及评分，在交易执行环节做了很大的改进。

之前在私募的时候，由于规模不大，没有太多卖方提供服务，我就逼着自己把一家上市公司的模型拆出来，之后给董秘打座机聊。对方和我聊了半小时后，说："小周，我觉得你对我们公司太了解了，欢迎你来我们公司一趟。"这是我碰到的第一家给我正向反馈的公司，也坚定了我做这些事情的信心。我后来去了这家上市公司，不光和董秘、董事长聊，还和一些做业务的人聊，按照这家公司的关键因素去拆解。许多做业务的人都觉得我很懂，大家就成了很好的朋友。

这些事情对我来说不叫突变点，而是关键点。

还有一段经历是在公募基金做养老金投资。养老金投资的约束条件其实比较多，这让我去思考风险剩余的体系。我追求绝对收益的组合管理体系，在养老金投资的时候得到了历练。

朱昂：风险剩余的概念和体系，你是怎么想出来的？

周智硕：这和投资目标有关。我的投资目标是绝对收益，客户在任意时间点买入后，持有一段时间要赚到钱。在追求绝对收益的时候，最重要的一点是一定要止损。风险剩余体系就是围绕如何更好地止损建立的。

我比较喜欢做逆向投资。这就出现了一个矛盾：一边是止损，另一边是逆向投资，越跌越买。这两种思维背后各自的优势是什么呢？

逆向投资的背后，不是追求高胜率，而是需要一两笔关键的投资，把之前的亏损全部弥补。因为越跌越买，你只要看对了，一笔就能抵人家十笔。这有些类似于一级市场的高赔率打法。

这就让我去思考如何解决胜率和赔率的问题。回到我初始的目标，既然我要给客户追求绝对收益，就不能设统一的止损标准。假设一个公司潜在下跌空间是 10%，另一个公司潜在下跌空间是

50%，那么按照统一的标准，我一定会重仓那个潜在下跌空间是10%的股票，这就变成了控制回撤，并不是为客户取得绝对收益。

于是我就思考，能不能在一开始不买那么多，先按照股票不同的风险收益比排序，再按照下跌空间算出每一只股票的潜在成本，这就一步步把风险剩余体系建立起来了。

朱昂：你极其勤奋，这种状态能一直保持下去吗？

周智硕：今天同事还开玩笑说，我看似熬夜很多，但发际线保护得还可以。我做事情的速度比较快，一直在思考如何更好地提高效率。但目前，我还是在一个个"翻石头"，并没有用量化模型做初筛。

从工作态度看，我是没问题的。我每周也保持一定的健身，身体素质也很重要。

朱昂：投资压力很大，有时候压力过大会导致动作变形，如何抗压呢？

周智硕：我觉得压力有很多种。

第一种压力是自我要求。我们这个行业很多人都是名校毕业的，从小学习成绩就特别好，从性格上未必愿意承认自己的不足。我在认知上是弱者思维，投资是讲概率的，允许自己犯错，承认自己不可能100%正确。当接受自己是一个弱者后，就能接受很多东西，这可以解决很大一部分压力问题。

第二种压力是业绩的问题。遇到业绩压力的时候，一定要相信自己的系统和框架。即便是乔尔·格林布拉特提到的寻找高资本回报率、高投资企业回报率的"神奇公式",也有很多年无效的时候,但长期还是有效的。所以在业绩有压力的时候,要相信系统,严格遵守自己的系统,去做大概率正确的事情。

我很感激自己的家人。我之所以每天晚上9点才开始干活,是因为要陪伴孩子。陪伴孩子就跟照镜子一样,会告诉我自身有哪些优缺点。这也是很好的缓解压力的方式。

对业内、对客户都要正直守信

朱昂:有什么你认为是重要的人生原则吗?

周智硕:最重要的原则是正直守信。

我和机构客户沟通的时候,会完全真实地把我的体系告诉他们,包括历史上我的交易笔记是怎么做的,都如实告知。这套系统我自己理解得其实比较清晰,但大家第一次听会觉得有些复杂,因此更需要透明的分享交流。我觉得管理资产是建立信任的过程,只有正直守信的人才能够慢慢把信任建立起来。

朱昂:你现在还坚持写交易笔记吗?

周智硕:写交易笔记是一个好习惯,直到目前,我还在坚持写交易笔记,这对提升我的认知很有帮助。

我去路演的时候,有些人会用半年报、年报的持仓去做拟合,然后问我为什么买、为什么卖。人的认知是很容易模糊的,有时候我们买的原因是 A,但最后股价上涨的原因是 B。通过写交易笔记,能把自己所有的问题淋漓尽致地暴露出来。这其实也是反人性的。

举一个简单的例子，以前读书的时候，看自己的"错题集"是很有帮助的，知道自己哪些知识没有掌握。我觉得做投资以后，交易笔记就是我的"错题集"。没有这些"错题集"，是无法取得长足进步的。

我真正怕的是在错误的道路上越走越远，而不是在正确的道路上走得辛苦。

投资理念与观点

▶ 我分析了全球主要资本市场，发现无论是在发达资本市场还是发展中资本市场，业绩增速比较高的公司，其中长期的绝对收益基本是比较高的。

▶ 如果把视线拉长到 3 年，自然而然就能找到影响公司业绩的最核心因素。

▶ 我在投资体系中选股看重的是胜率，组合构建看重的是赔率。

▶ 高性价比公司的数量是充足的，通过不断"翻石头"，能够破解胜率、赔率、频率这个不可能三角。

▶ 为了避免心态问题对投资带来的影响，我把整个交易环节做了流程化管理。

▶ 大家公认的买好公司和长期持有好行业，主要是从胜率的角度出发。但是由于买入的时间点不一样，每个人的赔率是有差异的。

▶ 很关键的是，要对同一类资产做比较。如果是对全市场资产做比较，意味着不断进行再平衡，会牺牲许多重仓股的效率。

▶ 公告往往能够唤醒组合的记忆点，让我能感知到公司的核心因素发生了什么变化，以及这个变化会带来什么结果，帮助我对这些公司进行更新。

▶ 当接受自己是一个弱者后，就能接受很多东西，这可以解决很大一部分压力问题。

▶ 通过写交易笔记，能把自己所有的问题淋漓尽致地暴露出来。这其实也是反人性的。

第 4 章

价值投资只有一个目标

访谈对象：姜诚

访谈时间：2021 年 5 月 11 日

姜诚是一名让我特别羡慕、敬佩的基金经理。早在 2019 年，我就访谈过姜诚，那时候恰好遇到"核心资产"的牛市，高估值的优秀公司不断上涨，这让偏低估值风格的姜诚遇到了投资的逆风期。在那一次交流中，姜诚很坦诚地和我分享了为什么价值投资知易行难。回头看，我并不知道姜诚在那一次访谈后，居然还要难受整整一年时间。到了 2020 年，A 股市场最有效的是动量因子，最无效的是价值因子。简单来说，就是便宜的变得更便宜，贵的变得更贵。

好在姜诚即便是在逆风期也能坚持自己对投资的认知。这也是为什么我非常喜欢在逆风期访谈基金经理，可能看到他们在遇到困难的时候，对投资的理解和投资操作，有没有出现所谓的风格漂移。能做到耐心坚守，是因为他们知道自己在做什么，并对自己的投资框架有着强烈的信心和信念。

在这一篇访谈中，我们能看到一名价值型基金经理对投资的理解。比如价值投资只有一个目标：用尽可能低的价格，买到尽可能好的资产。价值投资者永远在价格和质量之间找平衡。

姜诚牢记着一些本应众所周知却常被人遗忘或忽视的观点，诸如"排名不以意志为转移""价值创造和利润增长没有关系""好的赛道和投资收益机会没有必然联系""利润波动不是风险""慢变，很重要""0 到 1 的认知差很难通过努力弥补"，等等。他甚至告诉我们，"只有利润增长才能创造价值"是错的想法，价值创造和利润增长没有关系。企业价值不会随着利润增长，而会随着时间增长。

姜诚是我身边"行走的图书馆"。他每年会看 80～100 本书，每一年他最新的书单推荐都是我的必读。我自认为算酷爱读书且效率不低的人，但是姜诚的书单，其广度和厚度让我由衷钦佩。

姜诚也是一个会和投资者互动的基金经理。他经常在雪球论坛分享自己当下的思考，回答投资者各种问题。他最优秀的一点在于，能把一个复杂的事情，用普通人也能理解的语言说清楚。这意味着，姜诚能从本质上把这些道理进行简化。能把难的事情说清楚，是一种极强的能力。所以他拿过雪球的十大基金用户奖。我有一次和他说，他拿了一个我很想要的奖。

无论是投资中还是生活中的姜诚，都和许多我认识的基金经理有着较大不同。投资的成熟之旅艰苦卓绝，无论是思考还是行动，都离不开勇敢、进取和独立精神——这或许才是我们访谈的最终主题。

只做原汁原味的价值投资

朱昂：你对价值投资的坚持给人印象很深，这两年应该也承受了一些压力，你的投资理念有什么进化吗？

姜诚：我的投资理念没有变，就是做原汁原味的价值投资——以"如果永远不能卖出，还买不买"的心理测试为标准，来决定是否买入股票。我的投资框架很早就搭好了，现在工具运用有一些变化，对投资理念有进一步思考，对一些案例有更深的理解。

我对不同类别的公司有了不同的思考，比如是否能尝试在较高的价格上买好公司。很多人随着能力圈扩大，估值水平的确能不断提升，但我的过往经历是组合估值水平不断下降。过去两年，我没有买高估值的公司，因为虽然认知水平在涨，但估值涨得更快，认知追不上，容忍度上移很难。因为基本理念没变，同样的公司，价值越高，潜在回报越低，不存在越涨越便宜、越涨置信度越高的情况，这是数学题。

如果觉得越涨回报越高，只意味着两件事：第一，看的是价格趋势，而不是公司价值；第二，不断上调估值结论，但是短期内，能造成上调估值结论的因素很少，哪怕一两年的业绩也不足以大幅上调，这意味着你一开始对公司的评估偏离度很高。我在调研之前会问自己很多问题，一定把公司的方方面面想清楚。我不想做价值投机。

现在核心资产的基本面不错，但我仍然不愿以很高的估值去买。新兴产业更不行，不只是估值的问题。

价值投资看分子和分母，分子是质地，分母是价格。有些分子能知道是好的，有些分子让人搞不清，比如我认为仍搞不清电动车的质地。横向看，不知道谁会成为最后的赢家；纵向看，智能驾驶系统、整车、电池、电驱系统等，不清楚到底利润在产业链上如何分配。它们都还没实现从 0 到 1 的跨越，我也没有实现在电动车产业认知上的跨越。

在慢变里找到估值和质地的平衡

朱昂：你怎么看待大家对高估值股票的观点差异？

姜诚：我觉得有三点。第一，理念不同。有些人看趋势，股价进一步涨就会买，这是投票和称重的逻辑区别。比如白酒股，我觉得估值上涨意味着预期回报下降，无法接受这样的预期回报就不买。也有一些人盯着一批价，认为一批价还能提价，股价就会涨。我觉得自己的方法是对企业"称重"，而有些人的方法是对价格"投票"。

第二，认知不同。每位基金经理都有自己擅长的领域，如果有更完备的分析框架，掌握更多信息，就会建立认知优势。他们的结论有些让你更笃定，有些让你看到风险。比如我对新能源车的认知可能就不到位，但有些同行的认知就比我到位，他们敢买、敢重仓，可能是认知优势。0 到 1 的认知差很难补。新产品上市是否会修正市场认知？不知道。但是 1 到 10，是可以通过一些方法提高认知、提高胜率的。如果核心资产跌下来，我也会买。

第三，信念和性格不同。有些人天生乐观，有些人天生悲观，我是后者，总想着哪里会错。

朱昂：你现在的组合里周期股偏多，是怎么考虑的？

姜诚： 我的组合确实低估值和周期股偏多，这不是我主观的决策，而是基本面建立一定认知，以及价格能接受得了，两者叠加的结果。

对有些公司基本面的理解有障碍、不认同分子的，不买。大量中小市值的公司，基本面一眼看上去就不行，价格再便宜也不买。基本面好的，价格偏高，我会列入观察名单。

我现在的组合特点是，基本面看得懂，价格合适。有些行业看似草根，其实有很大的优势。我不会买烟蒂股，除非没股票可买了。在分子端，我还是希望找到好公司。幸运的是，市场现在还能找到质量好、商业模式清晰、价格还不错的公司，这是过去两年市场结构性分化带来的好局面。

过去两年市场整体研究粗糙，赛道论大行其道。赛道思维其实很粗，放弃了深度研究。好赛道的需求高增长，和投资收益机会没有必然联系，这很反直觉，却是事实。标签化的方法摈弃了很多遗珠。

朱昂：这解释了为什么不买，再说说为什么买。

姜诚： 市场对我有误解，认为我看着估值买股票，其实不是。我还是从竞争优势去看，分子端很重要，但是我认为价格低有低的道理，估值能筛出很多劣质股。太看重估值，分母重要性放太大；只看质地，分子重要性又放太大。我两边都很关注，很平衡。

我的组合里面有很多周期股，竞争优势突出，牛熊下来平均

ROE 高。这些公司还有一个特点：很难被颠覆。买这些公司内心可以很笃定，可以一直持有。比如尿素，长期需求稳定，产品高度标准化，不用识别产品上的差异，只需要分析谁的成本更低。这种是有标准答案的，不需要独到的认知，就能得出清晰的结论。分子端置信度越高，赚钱难度就越低。

再比如建筑、化工，市场直接进行了标签化处理。这几年市场对化工股的观念正在改变，一些曾不被待见的股票，现在开始变成核心资产。我觉得利润波动不是风险，而且每一轮波动的低点都比上一轮低点要高是好事。只有结构性崩塌、利润长期下行才是真正的风险。利润波动比较小的公司，长期高估值，买入的机会很少。

我个人一直在研究消费、医药，大家都觉得好，形成独到的认知难，获得好价格更难。只有大家带着偏见的，比如刚才提到的利润周期波动品种，才有机会买到好价格。我会利用市场偏见，买到长期成长、竞争力明显的公司。

我筛选股票，是质地优先，不是估值优先。分子和分母都很重要，片面看分子太粗糙，片面强调估值则会落入价值陷阱。价值投资只有一个目标，以尽可能低的价格，买到尽可能好的资产。

弱者思维，人性不变

朱昂：你觉得你和其他基金经理相比有什么不同？

姜诚：首先我认为好东西也要看价格，其次我不认为自己能看穿公司的长期未来。

　　先说第一点。安全边际不是低估值，而是坏情况发生时损失可控的状态。当对未来没有无以复加的置信度时，股价涨了几倍自然就没有安全边际了，潜在回报必然下降。我的持有比例和估值水平呈现负相关，我承认自己无法看透长期的未来。

　　巴菲特持有可口可乐，涨了十几倍也没卖，主要是他对于基本面确信度极高。在 DDM 模型中，如果公司有宽厚的护城河，能够缓慢长期成长，收益率相对于当期价格敏感度就低。就像债券，久期越长，收益率对价格的敏感度就越低，股票的久期比债券还要长。这里的前提是，对潜在收益率的置信度是多少。持有不动的操作建立在长期置信度很高的基础上。如果我对置信度没有足够的信心，在重仓股涨了很多后，就不免会做减持的动作。我总会担心负面风险，而不敢太笃定。

　　第二点。过去两年我做了一些审视，我是弱者思维，会持续思考自己会错在哪里。我希望用减少错误的方式提高赚钱概率，而不是用追求更正确的方式来提高赔率。如果需要比别人更聪明才能赚到钱，大概率我就不做了。因为我只能做到今天的我比昨天更聪明，没法做到比别人更聪明，我决定不了别人。大家都认为好，你认为更好，可估值已经不低了，做这个判断需要勇气和能力，很难。

　　通过耐心赚到高概率的钱，是可以努力追求的状态。我试图把投资这件事的技术难度降低。市场一直有机会，因为人性不变。大多数人都努力成为赢家，而不回避成为输家，那么回避成为输家就能带来机会。地上一直有捡钱的机会，只要我们保持耐心，通过长期耐心持有，必然能赚到钱。

哪怕挨骂，也不能偏移

朱昂：过去几年价值风格表现不好，你会不会有压力？

姜诚：短期排名的好坏，不以意志为转移，多数人不懂这个道理。哪怕你更勤奋地追踪季报找预期差，也未必有好的结果。比如，在大家都认为好的公司里面找到更好的点，努力未必能找到。有些人试图轮动风格，结果也不太好。截止到2021年4月底，表现好的依然是"茅指数"，创业板、价值股、非核心只跑赢了一个月。一些买核心资产的基金跑输同行，这里面多少有轮动和风格漂移。

当你总是试图变得更好的时候，结果未必会更好，这一点也有别于市场认知。有一本书叫《赢得输家的游戏》[⊖]，提到投资是一场赢得输家的游戏，这个观点是反共识的，但正是我的内心写照，我在看这本书之前就已经是这样的人，我对自己的投资范式很有信心。

如何面对外部投资者？价值投资坚决不能变形，业余和专业之间是有鸿沟的，持有人要真正懂基金经理很难，但是基金经理可以努力让持有人逐步了解你，进而欣赏你。他可能没办法精准评价你的专业能力，但是能感受到认真、知行合一、言行如一，这是经典价值投资和资产管理行业的融合点。

有些人会跟随客户改变自己的投资，客户要什么，就开放什么策略，不断提供客户要的产品，但是很多时候客户不知道自己要什么。价值投资和资产管理合在一起，不是改变基金经理的投资框架去适应客户的需求，而是通过与客户不断沟通让他了解并接受基金经理。所以哪怕挨骂，也不能偏移，这才是对客户负责。

⊖ 已由机械工业出版社出版。

朱昂：可以分享一些有代表性的案例吗？

姜诚： 过去赚到钱的公司都是我们预料到的。比如一家化工公司，因为市场对公司的标签发生逆转，让我赚了好几倍。大家一开始认为这是一只周期股，之后看作一只成长股。但是从基本面看，2018 年利润是 30 亿元，现在股价涨了 3 倍，利润只有 18 亿元，我们只是赚了市场认知转变的钱。

还有一家做瓷砖的公司，我是市场里买得最早的，买的时候市值不到 100 亿元，也是弱者思维，地上捡钱的机会。瓷砖差异化不大，撕掉标签，我都不需要识别成本优势和品牌优势，只需要看公司铺线下网点、2C[⊖]端还在努力经营、2B[⊜]端不断签约新客户、资产负债表上还有大量的在建产能没有贡献利润、老产能贡献 10 倍不到的 PE、新产能释放利润能翻倍。在跟公司交流的过程中，能看出他们是认真做事的人，很本分。这就是置信度高的机会，即便不是特别完美的公司，用下等马的价格买到中等马也不错。市场后来也给了更乐观的展望，但我们永远等不到涨到最高，因为随着股价上涨安全边际逐渐消失，我们经常卖在左侧。

朱昂：你之前持仓里有一些建筑标的，怎么看这个行业？

姜诚： 我对建筑行业不是那么悲观。现在有两个行业处在估值的历史低位，地产和建筑。大家有标签思维，认为地产被调控，长期负增长。在这种情况下，地产开发商会有问题。头部公司的差异不显著，大家的销量都很大了，地房差价越来越难赚，要极力做周转来提高 ROE。但城镇居民现在人均住房面积接近 50 平方

⊖ 2C，指面向顾客。
⊜ 2B，指面向商家。

米，不会无限扩张，加速卖房等于透支未来需求，降低了利润率。

建筑行业除了房建，还有基建和海外，有更广阔的市场。从格局上看，头部公司优势更明显，行业分层，最好的公司可以挑最好的地产公司做甲方，越是大公司越能拿到最好的单子。房建里超高端写字楼的利润比普通商品房厚，大部分被龙头做了，因为有技术优势。基建里高端的桥梁和隧道，也是头部在做，靠技术、资金、施工管理上的硬实力。大家以为央企靠关系，其实央企靠硬实力，阿尔法很明显。

这个行业不好的地方是需求下行，海外有增量但不是所有项目都好。我不指望它是一个成长行业，它的增长来自头部份额提高以及极低的估值。仔细看资产负债表，一些公司结构越来越健康，费用下降，杠杆下降，应收加快，不断增效，长期 ROE 不悲观，公司很认真努力地在运营，但被大家忽视了，大家总觉得冗员多，管理低效，没有激励。财务报表越来越健康，管理效率也越来越高，这是肉眼可见的。而一些公司目前的市值太低，相当于现有订单做完，全部市值就赚回来了，对负面事件的容忍度很高。一定要撕掉标签，事实比逻辑重要。

公司价值随着时间增长，和利润增长无关

朱昂：你怎么面对重仓公司股价不涨的阶段？

姜诚：我们做个简单的算数题。以 1 元的价格买入一只股票，假设现在 3 倍 PE，10% 复合增长。即便股价不涨，5 年后 PE 变成 1.8 倍，5 年中分红 0.3 元，成本变成 0.7 元。哪怕一直不涨，

有分红再投资收益，迟早能赚钱。

二级市场有一个先入为主、没经过验证的结论：只有利润增长才能创造价值。这是错的想法，价值创造和利润增长没有关系。

公司价值不是随着利润增长，而是随着时间增长。公司价值评估模型如果用对数坐标画出来，分红复权回去，价值线就是一根随着时间向上倾斜的直线，斜率是要求收益率（即折现率），与利润无关。很多人做的其实是基本面投机，通过商业模式和竞争优势，识别利润增长轨迹，判断股价表现，研究的是股价。股价线会随着利润增长，价值线只会随着时间增长。

朱昂：你对好公司的评判标准是什么？

姜诚：其实包括我在内的很多人在选择好公司上历经许多挫折。我没做过生意，也不敢说自己多会看人。我只会看书、翻财报，看的书越多，发现判断好公司越难。大家把"好公司""优秀公司"说得太轻易，真的没有那么多好公司。

即便是很伟大的公司，背后的成长也是不确定的。我们不能轻易说一家公司好，只能在认知理解范围内，抓住能抓住的，不要轻易支付伟大公司的价格。

所以我会逆向思考，用安全边际来保护自己。我的组合里面，没有一家公司是我认为完美无缺的，但是它们的安全边际足够。任何股票，只要支付了上等马价格，长期赚钱就很难，除非你有足够的把握能够以更高的价格把它卖给别人，我自认为没这个把握。

长坡、厚雪、慢变，是好公司的三个必要条件，其中慢变尤其重要。在多变的环境中，优势可能变为劣势。不能只是现在好，还要长期好，现有优势能不断放大，享受马太效应，而不是被颠覆式创新打败。竞争优势体现在很多方面，资源禀赋很重要，规模经济、网络效应、范围经济……这些硬优势，我认为比公司的主观意愿更重要。不是说主观意愿不重要，只是我们在"识人"这件事上面临大的困难。

如果视角特别长，好的企业家和管理团队更重要，但是很难识别，巴菲特也看走眼好多次。所以业务本身很重要，一些预想不到的变化不至于需要万能的团队来应对，第一是找不出这样的团队，第二是只要现有业务够强，长坡、厚雪、慢变，没有离谱的价格，就是一笔好的投资。

坚守信念，保持耐心

朱昂：你怎么在投资中保持耐心？

姜诚：我会拷问自己，做的是什么事，为什么要这么做。我有两点很明确，第一是不赚割韭菜的钱，只赚公司创造价值的钱，第二是未来不可预测。在此基础上，形成了我的方法论：安全边际，逆向思考，弱者思维。

有时候自己认为挺好的不涨，认为不好的却一直涨，这时就要调整自己的心态。价值投资怕的不是排名，而是信念动摇。所以要把自己的框架考虑得足够清楚，知道会面临什么局面。我对自己的股票批评苛刻，对负面因素看得充分，我很清楚自己的弱点，知道如何应对客户方面的压力。比较幸运的是，一方面很多我认为好的股票表现不差，另一方面公司没有给我排名压力。

我做基金经理是想帮散户赚钱，如果有人质疑我的投资理念，教给我所谓资产管理行业更接地气的运作方式，我是不接受的。我的应对之道是强化自己，打磨自己忍受挫折的能力。读书是很好的抵御外部压力的手段，因为会让你的内心更坚强。

朱昂：芒格说过他不太认同今天商学院教授的金融理论，你在投资中怎么看这个问题？

姜诚：我认同芒格的观点，跨学科综合的知识体系对投资更有帮助，而不是金融学本身。在金融专业知识中，除了 DDM 模型和它所代表的现金流折现的思维方式，其他理论对投资都没什么帮助。即便如此，也不会有人真用 DDM 模型或者 DCF 模型去估算一只股票的价值，因为算出来肯定是错误的。现金流折现是一种思维方式，而不是具体模型。其他的金融理论，诸如把波动率定义为风险，以及在此假设基础上衍生出来的理论，跟价值投资都是风马牛不相及的。

我入行就学习价值投资，带过我的人和我带过的人都在走自己擅长的路。我选的路走的人很少，但大家可以在一起交流。价值投资是选择题，不是是非题。

投资理念与观点

▶ 以"如果永远不能卖出，还买不买"的心理测试为标准，来决定是否买入股票。

▶ 好赛道的需求高增长，和投资收益机会没有必然联系，这很反直觉，却是事实。

▶ 太看重估值，分母重要性放太大；只看质地，分子重要性又放太大。

▶ 我觉得利润波动不是风险，而且每一轮波动的低点都比上一轮低点要高是好事。只有结构性崩塌、利润长期下行才是真正的风险。

▶ 只有大家带着偏见的，比如利润周期波动品种，才有机会买到好价格。我会利用市场偏见，买到长期成长、竞争力明显的公司。

▶ 价值投资只有一个目标，以尽可能低的价格，买到尽可能好的资产。

▶ 在 DDM 模型中，如果公司有宽厚的护城河，能够缓慢长期成长，收益率相对于当期价格敏感度就低。

▶ 持有不动的操作建立在长期置信度很高的基础上。

▶ 大多数人都努力成为赢家，而不回避成为输家，那么回避成为输家就能带来机会。

▶ 一定要撕掉标签，事实比逻辑重要。

▶ 只有利润增长才能创造价值。这是错的想法，价值创造和利润增长没有关系。

▶ 公司价值不是随着利润增长，而是随着时间增长。

▶ 即便是很伟大的公司，背后的成长也是不确定的。我们不能轻易说一家公司好，只能在认知理解范围内，抓住能抓住的，不要轻易支付伟大公司的价格。

▶ 只要现有业务够强，长坡、厚雪、慢变，没有离谱的价格，就是一笔好的投资。

第 5 章

投资既要认知世界，更要认识自己

访谈对象：王东杰
访谈时间：2021 年 2 月 9 日

在访谈王东杰之前，我从来没见过他，也不认识他，但短短一个多小时的访谈让我们一见如故。我和他有着相似的职业生涯起点，都是在外资行做股票销售起步，都酷爱写销售笔记，又都因为想继续提高自己的认知，而从服务型的卖方销售职业做转型。我甚至在访谈完王东杰之后思考，他曾经的所作所为，是否也影响了今天的我。

故事要回到 2009 年我入行的时候，那时候外资行是国内顶级的机构，也是许多人职业生涯的终极目标。记得刚回国的时候，我就上过一些学校的求职论坛，里面有许多公司面试流程和工作申请的介绍。其中，阅读量最高的一定是高盛的面试流程。但有趣的是，从来没有一个真正被高盛录取的人在论坛上分享过。这或许是因为高盛每年真正社招的人太少了。而王东杰是当年高盛在国内招的 5 个应届生之一，可以说是万里挑一的天选之子。

我刚开始做销售的时候，就听客户说高盛的销售很专业，经常会写销售笔记。那时候我就把写销售笔记作为自己的工作方式，这个习惯坚持了十几年，最后也成为我工作方式的一个标签。和王东杰访谈的时候，我发现在同一个时间维度的他开创了高盛的销售笔记工作方式。我想，或许早在十几年前，他就深深影响了我。

王东杰发自内心热爱投研，他在高盛工作了几年后，他转型加入了北京的一家基金公司做研究员。今天，他已经成为市场上非常优秀的基金经理，而这一切的背后都和他当年的取舍有关。

王东杰认为，投资既要认知世界，更要认识自己，这也恰恰和我对投资的理解很像。投资一开始是在认知世界，了解不同的企业、不同的商业模式以及世界运行的规律。投资到后面，更是认识自己，了解自己是一个怎样的人，擅长什么，不擅长什么。做好投资，一定要对自己诚实。认识自己，客观看待自己，其实是一件很难也很痛苦的事情。

在访谈的最后，王东杰说了一句我极度赞同的话："我觉得人一生中有两件事情很重要，一个是和你喜欢的人一起生活，另一个是做你喜欢的工作。"这两件事情，能做到一件已经很难，两件都做到，一定是幸福的人生。

清华博士，到高盛机构销售，再到基金投研

朱昂：先介绍一下你的从业经历吧。

王东杰：我是 2008 年从清华大学博士毕业的，毕业以后就进入了高盛的股票销售部。那一年因为金融危机，所以整个金融行业招人并不多，高盛当年一共就招了 5 个应届生。

我进入高盛之后，就开始写销售笔记，那时候写销售笔记的并不多。我会每周把自己学到的知识、对市场的感悟和理解，全部写成笔记发给客户。起初，销售笔记是写给自己的，作为每周整理信息和自己思想的一种方式。慢慢地，整个北京区的销售都开始转我的销售笔记。直至伦敦的中国销售会把我的笔记翻译成英文，发给海外客户。我在高盛做了 4 年，这 4 年每周都坚持写销售笔记，成为当时在高盛有影响力的一个产品。

到了 2012 年，我觉得自己真正热爱的还是投资和研究，于是从高盛跳槽到了目前的基金公司，放弃了高盛较高的薪酬待遇，进入国内的公募基金。重新出发是有挑战的，但是我知道自己内心真正热爱什么，而且做投资一定要在一家国内资产管理机构，这样才能更加深刻理解国内市场和上市公司的变化。同理，做投资也一定要密切跟踪国家发展战略和经济发展趋势，从时代中取势，与时代共同成长。

我从 2015 年开始做投资，有超过 5 年的基金管理经验，以及 13 年的投研工作经验。

三个要素，定义好公司

朱昂：能否谈谈你的投资框架？

王东杰： 我的投资框架是"一个投资方法 + 两个交易纪律"。投资方法如果用一句话高度概括，就是"以合理价格买入优质公司，买入并持有"。这句话有两层含义：第一是买入优质公司，我的投资是基本面驱动的；第二是买入的价格要合理，我的投资是看重估值的。

市场上有不同的投资方法，但界线比较模糊。我认为大家的区别在于对基本面和估值的重视程度不一样。比如，趋势投资者可能不那么在意基本面和估值，更看重股价的动量；成长风格的基金经理可能更看重基本面的边际变化，对于估值有所淡化；价值风格的基金经理既要看基本面，又要看估值。在价值风格中，又分为深度价值和价值成长，区别在于对估值的容忍度。我的投资风格主要是价值成长风格。

我先谈谈如何定义优质公司。我主要基于三个要素找到优质公司：好的赛道、强大的核心竞争力、优秀并且专注的公司管理层。

朱昂：那么先谈谈你如何找到好赛道吧。

王东杰： 什么是好的赛道？我首先从生命周期看赛道，将一条长期赛道分为四个生命阶段：萌芽期、成长期、成熟期、衰退期。我主要投资一条赛道的成长期和成熟期。处于衰退期的赛道很可能在价值"毁灭"阶段，容易产生价值陷阱。而萌芽期赛道的风险收益比对于公募基金产品并不合适，体现出低胜率和高回报的特征，更适合一级市场的投资。比如，有 10 个投资机会，其中 8 个最后失败了，但是有 2 个能赚 10 倍，如果在一级市场投资，最终组合的收益率或许还不错。但是公募基金行业由于有 10% 的最大仓位限制，基金经理难以在单笔投资上赚到 10 倍的净值收益，一旦持仓超过 10% 就必须卖出。从赛道的生命周期角度出发，我遵循"胜而求其战"的原则，寻找成长期和成熟期标的。

其次，我非常关注赛道的行业竞争格局。竞争格局决定了整个行业的盈利能力和盈利的稳定性。我希望看到比较清晰的行业竞争格局，这也是"胜而求其战"的一种体现。如果一个行业竞争格局不清晰，大家天天打价格战，这样行业的玩家最终都赚不到钱。

总结来说，在赛道判断上我遵循"胜而求其战"的思维：尽量投资处于成长期和成熟期的赛道，并力图洞察行业的竞争格局和发展趋势。

朱昂：我们再谈谈你如何把握公司的核心竞争力。

王东杰：公司的核心竞争力就是护城河，我偏好三种类型的护城河。

第一类，别人做不了，只有我能做，背后是公司的独特资源，比如牌照壁垒、技术壁垒、资源壁垒等。大家关注度比较高的免税龙头，在公司发展初期就享受了独特的免税牌照优势。

第二类，别人能做，我也能做，但我能够卖得更贵。这一类在品牌消费品中很多，品牌一旦赢得了消费者的信赖，就能获得很长时间的溢价。比如，耐克篮球鞋就能比普通篮球鞋卖得贵，即便做工和材料可能差异不大，但用户的心理感受是不同的。

第三类，别人能做，我也能做，但是我的成本比别人低。这一类护城河通常来自规模效应或者优秀的工艺管控能力，在制造业中比较多。过去几年我们看到一批优秀的制造业公司出海，成本比海外竞争对手低，定价就定在别人的成本线上，使得全球的市场份额不断被国内公司占领。比如，我之前投资过一家做轮胎模具的公司，就赢在规模效应和管控能力，成本优势很明显。

朱昂：你如何判断靠谱的管理层？

王东杰：这一点和你不断访谈优秀的基金经理类似，我选公司最核心的也是跟管理层不断沟通，了解对方的价值观、战略眼光以及执行力。

我看管理层，要看历史业绩，更要看他们引领的企业价值观。我在清华大学读了9年书，属于典型的清华理工男，做事情比较踏实，专注在能力圈，相信天道酬勤，看重专注力。

A股中有许多管理层喜欢跨界，有时候追一些热点，甚至做一些资本运作。这一类管理层并不是我所喜欢的，我基本上会直接规避这一类公司。我比较喜欢常年专注在一项事业上不变的人。

在管理层这个维度，我也会关注一家公司的治理结构。有些公司的管理层很优秀，但是治理结构有风险，导致管理层的利益和股东利益并不一致。这种公司我一般也不会投资。我喜欢优秀且利益和股东在一条船上的管理层。

研究公司是"谈恋爱"，持有公司是"相伴成长"

朱昂：关于管理层，我想再追问一句。看人其实是很难的，你如何提高对人判断的胜率？

王东杰：和管理层沟通的时候，我一般会了解和分析公司的历史，这点也和你研究基金经理一样，先要看基金经理的历史业绩，他是怎么做的。我会去了解在公司创业的过程中，管理层遇到哪些困难，有哪些分岔路口，管理层在分岔路口做了哪些选择。我也会去了解公司一路走来遵循了什么样的价值观，是不是在踏实做事。

我发现，研究一家公司和持有一家公司，对于基金经理来说心态是不同的。有时候，我们在研究一家公司的时候，会觉得管理层挺靠谱，过去也做了很多正确的事情，但是买入持有后心态会有所变化。这就像你和一个人谈恋爱的时候是一种心态，和一个人相伴成长后又会变成另一种心态。当你持有一家公司很长时间后，会更加了解这家公司，也许确实会看到一些过去忽视的细节。

举个例子，我曾经买过一家细分领域龙头，之前和老板接触的时候确实感觉很不错。老板是工程师出身，交流中也给我留下很好的印象。这家公司处在一个很不错的赛道，各方面都符合我的投资框架，也等到了一个合理的价格。然而买入持有之后，我发现老板会做一些资本运作，导致他的动作会有些"变形"。我还发现，这个老板会在上市公司内孵化一些项目，然后试图用很低的价格去剥离。我发现这些问题后，就坚决把公司卖掉了。

类似的例子其实不少，有不少公司挺可惜的，明明在一个很好的赛道，商业模式也不错，可惜管理层做了很多关联交易。仔细研究这类公司会发现，它们的账很乱，本质上是实控人的价值观问题。一旦发现这种公司，我会坚决卖掉。

我想说的是，在买入一家公司之前，我会尽量研究得更深入一些，多做一些尽调。但是很多时候，在买入之前和持有之后感觉会不同，这里面有人性的成分。要真正持有几年之后，才能很清楚一家公司的管理层怎么样，是不是符合自己的价值观。

弱水三千，只取一瓢

朱昂：从三个维度进行筛选后，能够进入你股票池的优质公司其实并不多吧？

王东杰：弱水三千，只取一瓢。通过筛选，基本上只有100多家公司能够进入我的股票池，这些公司都是我平时重点关注和跟踪的。当然，今天我们资本市场的"弱水"已经不止三千了，现在已经有4000多家上市公司了。

后面，就是以合理的价格买入，这里的关键词是"合理"，合理不是便宜。一般情况下，优质的公司不会有很便宜的价格。我只要求以合理的价格买到好公司，然后持有，这构成了我最核心的投资方法。

朱昂：你也提到上市公司已经有4000多家了，那么你如何高效率地筛选呢？毕竟一个个"翻石头"，确实工作量很大。

王东杰：这里分为存量的公司和增量的公司两个部分。对于存量的公司，我毕竟也入行13年了，基本上哪些是好公司、哪些是行业龙头、哪些公司有潜力，内心都大致有一个判断。对于新上市的增量公司，我会先去做财务报表的筛选，看公司的历史 ROE 在什么水平、现金流怎么样、收入增速是什么情况。从财务报表能理解一家公司的商业模式和竞争优势。

两个交易纪律：专注能力圈、止损复检

朱昂：你的投资框架中，还有两个交易纪律，能否具体谈谈？

王东杰：把投资的结果简化为两个变量，就是收益和概率。这里面有赚钱的投资，也有亏损的投资。通过交易纪律，我尽量提高投资胜率，减少亏损的投资数量，特别要避免巨额亏损的风险。

我的第一个交易纪律是能力圈，我专注于主场作战。在我从业的 13 年时间中，最初 10 年我更多在拓展能力圈，看不同的行业和公司，理解不同的商业模式。过去 3 年，我更多在向内求索，不断看自己，辨别哪些是自己真正懂的，哪些是不懂的。

一个人要做好投资，需要认识世界和认识自己，认识自己其实是最难的。在投资生涯中，我比较大的突破来自更清晰客观地认识了自己，把能力圈划清楚以后，就可以提高投资的胜率。

我过去 5 年的投资范围，基本上集中在制造业、品牌消费品、科技中的软件以及金融地产。这些行业都是我反复琢磨、反复用"血的教训"筛选出来的。比如，制造业我只投有成本优势和技术迭代优势的；硬件我基本不投，只投软件；消费品只投品牌消费品；金融地产是我的老本行。

在投资上，我会反复做同样的事情。有人觉得巴菲特的工作很无聊，每天就做同样的事情。我的理解是，价值投资者其实就

是反复做同样的动作。

我的第二个交易纪律是止损复检，把尾部亏损的部分尽量规避掉。我在组合管理中发现，绝大多数的亏损来自极少数的几只股票。这几只股票的巨额亏损会给组合带来很大的拖累，那么我就尽量把亏损比较大的股票规避掉。我会通过量化投研系统及时监测个股异动和关键指标变动，一旦我持仓的个股出现一定程度的异动，就会进入我的止损复检程序。

这个程序分为三部分：首先，回顾当初买入这家公司的核心逻辑是什么。我的持股周期比较长，许多公司都会拿3年以上，一旦出现较大回撤，我会先审视当初买入的核心逻辑是否出现变化。其次，我会对公司做一个全面分析，不光是和管理层交流，还要去访谈上下游、产业链、行业专家和竞争对手，全面了解公司近期发生了什么变化。最后，我会把市场上关于这家公司全部的负面信息都了解一下。A股市场很有意思，上涨的时候一片祥和，一下跌各种负面信息就都出来了。每一次下跌，我其实都挺开心的，借着这个机会可以把负面信息挨个排查一下。通常情况下，出现的负面信息都是我之前排查过的，也有极少数情况会出现新的负面信息，但这也是加深我对公司理解的过程。

朱昂：历史上看，许多很优秀的公司出现过30%以上的回撤，你的止损会不会把好公司也止损掉了？

王东杰： 并不是所有回撤的股票我都会止损，如果公司的下跌和基本面无关，我就会继续持有甚至加仓。我只会止损基本面出现问题的公司，不会止损因为市场波动而下跌的公司。

DCF 是给公司定价的重要方法

朱昂：关于合理的估值，你如何给公司定价，是不是不同类型的公司定价方式不太一样？

王东杰：我认为公司的定价方法最本质的就是 DCF 模型定价。我在清华大学读了 9 年的金融，这种思想已经根深蒂固在我的脑海中了。大家常说的 PE、PEG、PS、单用户市值等方法，只是在不同阶段采取的不同定价方式，但归根结底都是 DCF 模型。我对每一家公司的定价，全部从 DCF 模型出发。这个定价模型主要用于判断公司的远期现金流，决定远期现金流最主要的是公司核心竞争力。

我认为估值不是一个点，而是一个区间。一个成熟的基金经理，对不同的商业模式、不同的公司该给多少估值，心里都有一个锚。就像你看了很多人以后，对人大概会有一个靠谱的判断。

朱昂：影响 DCF 模型定价的一个重要因素是折现率，在你的框架中，是不是不同类型公司的折现率不一样？

王东杰：折现率受两个因素影响。第一是无风险利率的变化。如果市场放水很多，就会带来整体无风险利率的下降，进而使得折现率下降。第二是公司自身现金流的波动率和确定性。现金流更稳定的公司，能够获得更低的折现率，从而对应更高的估值。这就是为什么必选消费品的估值整体要比可选消费品更高，因为需求更稳定，而可选消费品有一定后周期的属性。一家公司现金流的稳定性、波动率、可靠性决定了折现率。

强大的净值持续创新高能力

朱昂：在组合管理上，你是怎么做的？未来规模大幅增长会对组合管理带来影响吗？

王东杰：我在组合管理上有两个特点和一个目标。第一个特点是个股集中、行业分散。我整个组合中的股票并不多，个股集中的逻辑很容易理解，我只买自己很有把握、能够"托付终身"的股票。我买入的公司都是跟踪很多年的，既然了解那么我一定要重仓买。我不会用小仓位参与自己没什么理解的公司，至少对于我来说，这种做法最终对组合净值贡献不大。

我虽然持股很集中，但行业很分散。市场上也有许多很优秀的基金产品，组合的行业是非常集中的。那么我为什么要做行业分散呢？一个重要的原因是行业分散能够更好控制组合的回撤，另一个原因是在同质化的行业并不适合买入多只股票。从基本面的角度看，在同质化的行业里往往最终只有一两家公司走出来，赚取行业绝大多数的利润和现金流，其他公司都是陪跑的。当风来的时候"猪"都能上天，行业里大部分公司都能涨。但潮水退去，你会发现大部分公司都在裸泳。我希望自己能买到最终能走出来的那一两家公司，不希望组合收益来自某一个行业的风口。我习惯于买入十几只股票，分散在八九个行业里。

我管理组合的第二个特点是，持股周期比较长。如果看我管理时间较长的一只基金，2020年三季报和2019年三季报相比，前十大持仓的公司只有一家公司发生了变化。许多在我组合里面的公司，持有都超过了两年。在组合管理上，也能够体现我"买入并持有"的理念。

最终我希望实现一个目标：净值持续创新高。前一段时间有一家机构客户过来做调研，他们就是通过筛选"持续创新高"这个指标，发现了我的产品。这也是我做组合管理的目标，通过不断创新高，给持有人很好的体验。

当时我在调研访谈中举了一个例子。基金经理好比开车的司机，基民就像坐在旁边的乘客，每一个乘客都希望司机能够开得快，但是如果司机一会儿油门踩到底，一会儿刹车踩到底，那么乘客坐到一半可能就晕车了，未必给客户很好的体验。我希望自己成为又快又稳的司机。这家机构也发现，最终是那些持续创新高能力比较强的基金，真正给基民带来了收益。

关于你提到的规模瓶颈，我觉得还是要从基金经理的投资方法出发。我的换手率很低，持仓也很稳定，我倾向于买行业龙头。从我的投资方法看，目前规模的边界没有达到。我不做频繁的高抛低吸，也不会盲目地追热点或者做波段，规模上升对收益率的影响不会很大。同时，公司优秀的投研团队和数字化平台也是我做好投资、做大规模的坚强后盾。

超额收益来自看得更深

朱昂：你认为投资中 Alpha 的来源是什么？

王东杰：理论上讲，一个公司能不能创造 Alpha，源于这个公司的护城河是否足够深，核心竞争力是否能持续。如果一个公司具有某种竞争优势，能够持续获得超过社会平均的回报，随着时间的积累，就会得到 Alpha。

那么一个基金经理如何找到有 Alpha 特征的公司，最核心就是两点：要么看得深，要么看得远。我刚开始当基金经理的时候，一周看五家公司，有时候一个周末就看三家公司。经过长期积累、平台建设和方法的进化，我体会到看得多不如看得精，现在我会更聚焦于公司的深度研究。做投资一定要看得足够深，想得足够远。我大部分时间都在跟踪自己股票池里面的公司。我可以举两个案例说明。

根据公开持仓信息能看到，我在 2018 年初买了一家新能源汽车动力电池的龙头公司。我在做基金经理之前看过电力设备和新能源行业，很早就知道新能源汽车是一个空间很大的行业，但是我此前迟迟找不到投资标的。这个行业的上游是资源，下游是车厂，整个产业链利润分配不平均，集中在个别环节。

那么到底在哪里集中？这需要理解产业链不同环节的集中度和竞争格局。集中度最高的环节，上下游议价能力最强，往往会吸收整个产业链的利润。我当时发现在整个产业链里面，只有两个环节的集中度最高，竞争格局最稳定：一个是动力电池，里面的龙头公司占据了 50% 的市场份额；另一个是隔膜，龙头公司也占到了很高的市场份额。

产业链里面的其他环节，利润的波动性很大，呈现出基于产能周期的特点。当产能不足的时候，大家就能提价。过两年产能释放后，又把价格打下来，谁也赚不到钱。只有动力电池和隔膜这两个环节能够持续赚钱，而且现金流是大于利润的，这就体现了产业链上的话语权。比如我买的这家动力电池公司，利润大概有 40 亿～50亿元，现金流高达 100 亿元，公司在产业链上的话语权很强。

我们看到这几年新能源汽车成了一个大风口，但我只会买产业链中具有竞争力的公司。如果股价上涨仅仅依靠的是风口，那么最后肯定还会落下来。

另一家是建筑行业的云服务公司，根据公开信息我也持有了好几年。当时我研究过海外的云服务公司，发现许多软件公司都从卖一次性的版权转向了赚取订阅年费模式。很多公司在转型之后，都出现了十倍的涨幅。通过对海外公司的研究，我发现这些转型成功的公司有几个特点：第一，利润率大幅提升，因为过去的模式需要投入很高的销售成本，而订阅模式不需要养那么多销售人员；第二，用户黏性大幅增加，增值服务占比提升，产品从过去几年更新一个版本，到今天几个月就会有些更新；第三，现金流大幅好转。

研究了海外公司以后，我找到了辨别成功转型云服务公司的关键指标：续费率。根据海外的经验，取得 80% 以上的续费率才能证明公司转型成功。当时国内也有许多转型云服务的公司，但是只有这家建筑公司的续费率达到了 80% 以上。我当时就买入了这家公司，也看到公司的发展路径一直沿着海外云服务公司，销售人员下降的同时用户黏性持续增加，推出了更多的增值服务，股价也在这几年实现了好几倍的涨幅。

投资要有第二层思维

朱昂：在你的职业生涯中，有什么飞跃点或者突变点吗？

王东杰： 2018 年是我职业生涯中很重要的一个时点，那一年是我做投资以来唯一没有给客户赚钱的一年。我觉得人在顺风顺水的时候，成长会比较少。当一个人遇到挫折的时候，如果能够跨过这道坎，就会有提高。2018年底，我把所有持仓的交易记录逐个做了详细的分析，反思自己是怎么亏钱的。我当时发现，很多东西我以为自己懂了，其实不是真懂。这也是我为什么要在"主场"作战的原因，之后我开始更清晰地划定自己的能力圈，如果没有搞明白就坚决不买。

朱昂：有什么对你影响比较大的理念？

王东杰：霍华德·马克斯讲投资者要有"第二层思维"。"大家都觉得好，我也觉得好，我们买进吧"是"第一层思维"。第二层思维即"这是一家好公司，但是人人都认为它是一家好公司，估值定价已经过高，让我们卖出吧"。投资一定要独立思考。

朱昂：如果不做基金经理，你会做什么？

王东杰：我可能会选择做主播（笑）。过去一年，基金经理经常要做直播，我发现直播还挺好玩的，我有很多想法和思考，也喜欢和大家分享交流。我觉得做直播是很有意思的事情。

当然，我非常热爱投资这份事业。我觉得人一生中有两件事情很重要，一个是和你喜欢的人一起生活，另一个是做你喜欢的工作。你一定要真心喜欢所做的工作，才有动力去做好。我们这批人，基本的资质应该都还不错，只要喜欢，那么大概率能把投资做好。

工作13年来，我经常工作到半夜12点以后，一周工作六天风雨无阻，并没有任何人逼我去做。看一篇报告、听一个路演、挖掘一个公司、为持有人创造价值给我带来的愉悦感，要比任何一种娱乐都强。

我做研究员的时候，如果挖掘到了一只股票，会一晚上兴奋得睡不着觉，我会连夜写深度报告。我现在做了投资之后依然如此，如果找到一个很好的投资机会、制定出好的投资策略，我经常整晚睡不好，要第二天完成投资操作之后才能睡得着。

而且我现在发现自己越做越喜欢。投资能反映一个人的全面画像，因为要不停做决策，能够体现一个人的优点和缺点，尤其是缺点。一个人的性格缺陷会通过投资体现出来。举一个例子，我发现自己不太容易恐惧，因为从小就很冷静，但是我会有些贪婪，有时候公司股价超过我的认知，我会卖得比较晚。了解这一点后，我现在就会在估值比较高的时候强迫自己卖出一些仓位。

朱昂：我感觉你对投资有深刻的理解。

王东杰：投资是生活的一部分，我们通过投资改变生活，让自己成为一个更好的人。成为一个更好的人，又会反过来影响你的投资，从而产生一个正向循环。这两年我对这件事的感受特别明显。我发现自己变得更好之后，投资能力比过去强很多，心态也更纯净、更安静、更平稳。

投资方法最终是一个人的世界观、人生观、价值观以及性格、经历的体现。投资门派很多，没有好坏之分，关键是找到适合自己的方法。我把投资和投机这两件事情分开。我不做投机，不博弈，也不猜心。我觉得投机更像赌博，没有意义。我是金融学博士出身，对于许多价值投资的理念根深蒂固了，我会沿着价值投资这条路前行，而且会坚定不移地走下去。

投资理念与观点

▶ 投资方法如果用一句话高度概括，就是"以合理价格买入优质公司，买入并持有"。

▶ 我主要基于三个要素找到优质公司：好的赛道、强大的核心竞争力、优秀并且专注的公司管理层。

▶ 从赛道的生命周期角度出发，我遵循"胜而求其战"的原则，寻找成长期和成熟期标的。

▶ 要真正持有几年之后，才能很清楚一家公司的管理层怎么样，是不是符合自己的价值观。

▶ 通过交易纪律，我尽量提高投资胜率，减少亏损的投资数量，特别要避免巨额亏损的风险。

▶ 价值投资者其实就是反复做同样的动作。

▶ 我认为公司的定价方法最本质的就是 DCF 模型定价。

▶ 一个基金经理如何找到有 Alpha 特征的公司，最核心就是两点：要么看得深，要么看得远。

▶ 我觉得人一生中有两件事情很重要，一个是和你喜欢的人一起生活，另一个是做你喜欢的工作。

第 6 章

共赢求真的价值策略

访谈对象：蓝小康

访谈时间：2023 年 3 月 7 日

许多人提到投资，都会带有一种零和博弈思维，总觉得自己赚的就是别人亏的钱（或者是赚别人口袋里的钱）。显然，这并不是价值投资的出发点。那么价值投资能长期有效，背后的出发点是什么呢？

和蓝小康的这次访谈，回答了这个问题。他认为价值投资是一种共赢的系统，只有坚信这套共赢的系统，才能长期运转下去。蓝小康在访谈中用了一个词：正外部性。价值投资就是不断创造正向的外部性。蓝小康也一直在追求行为的正外部性。相信这一点会是所有阅读这篇访谈的朋友的收获。

访谈蓝小康的过程很有趣，很早我就听许多人提到过他，但一直没有见过。这一次访谈是通过电话进行交流的，事实上一直到今天，我都没有和蓝小康见过一面（我平时在上海，他在北京）。可是，这并不妨碍我对这样一位素未谋面的基金经理的认同。聊的基金经理越多，基本上花几分钟就能知道一个人是不是价值投资者。毫无疑问，和蓝小康聊几句就能感受到他的价值气质。

在这篇访谈中，还有一点很重要：蓝小康大量提到了如何避免"永久性亏损"。他用一种很苛刻的眼光去选股票，对风险评估的要求比市场更高。他宁愿错过大量的机会，也不希望做错。本质上，避免"永久性亏损"后，就不会买入那些跌下来再也起不来的股票。这时候，就敢于在股票下跌的过程中逆势加仓。

相比之下，许多个人投资者买股票都喜欢越跌越买，却忽视了一开始对"永久性亏损"的判断。也就是说，许多人大量买的公司并没有经过审慎的风险评估和研究。那么就容易买到跌下去起不来的公司，这时候不断加仓，只会增加"永久性亏损"。

最后，和蓝小康的访谈也让我理解价值投资者必备的性格特征：耐心和独立。价值投资获得的是便宜的价格，失去的是时间效率，所以必须要有足够的耐心才能拿得住。而价值投资通常不会和大家买的品种一样，价值和趋势是对立的，这就需要价值投资者有着足够独立的品质。

在投资中探寻真相

朱昂：能否先谈谈你是如何看待投资的，你对真相的探索如何和投资结合在一起？

蓝小康： 从社会系统来讲，股票市场的作用在于连接投资和融资两端。我主要做的是投资端价值发现，争取为投资者获得比较满意的长期回报。

为投资者创造长期回报，能拆解成两个步骤：首先，找到创造商业价值的公司；其次，对价值进行发现。

识别公司的商业价值并不困难。我平时用比较多的时间思考商业模式、竞争力等问题。出发点是从生产力和生产关系两个方向对公司的商业价值进行拆解，最终判断该公司在实体层面是否能赚钱，这是基本面的价值范畴。只要能理解公司的商业价值，大概率就能获得确定性的收益，但有一个重要的前提：长期持有。若以较高的价格买入一家确实能够创造自由现金流的公司，就必须超长期持有才能获得令人满意的复合回报。

价值发现或者估值方法有一定的艺术性。A 股博弈的维度很多，对于某些价值需要用社会价值和政治经济学的视角去领悟。例如高科技公司，其商业本质对整个社会而言，往往是一种成本。大量公司技术迭代失败后，光付出了成本，却没有收益。这不符合自由现金流久期定价的模型，而股票又是典型的长久期资产，如果拘泥于芒格的定价方式，就很难对这类公司下手。

所以投资这类高科技公司，就要借助社会价值和政治经济学。

以苹果产业链公司为例，即便这类公司看上去属于不错的高端制造业，其商业模式也注定了需要不断投资，自由现金流并不好，DCF 模型就无法定价。

但从另一个维度看，这类公司对中国的全球化分工带来了很重要的影响。它们帮助我们获得稳定的贸易顺差，进而支撑我们的货币，为我国经济增长模式奠定了重要的基础。在此过程中，我们还能学习国外的先进技术。从以上这些角度看，这类产业享受阶段性的高估值也是可以理解的。

复盘过去几年，错过了一些公司的投资时点，主要是因为我的风险偏好比市场低。理解公司的商业价值，探讨不同类型或不同阶段公司的定价模型，结识优秀的同行和企业家，是一个发现真相的过程。我很享受这个过程。

朱昂：你的投资体系偏价值风格多一些，能否谈谈是如何形成这种投资理念的？

蓝小康：首先，这与我的性格有关。我天生缺少安全感，在财富方面更愿意守财，因此会尽量选择风险较低的投资方式，追求更高的确定性。

其次，我很欣赏共赢的系统。我希望无论是与投资的公司，还是与投资者，都能够达到共赢的状态。

最后，这和我接受过的风险教育有关。过往作为散户的投资心得，使我后续在做职业投资时，比较偏好确定性较高的公司，不会过度关注短期收益率。

审慎的个股选择叠加中长期的宏观视角

朱昂：前面我们聊了一些你的底层价值观和性格，能否再谈谈你的投资框架？

蓝小康：我的投资框架分为两个层面。

第一个层面：个股的自下而上。我选股比较严苛，对公司的商业模式、治理结构、企业文化、竞争壁垒、经营效率都有比较高的要求。商业模式和治理结构是我特别重视的。我认为市场对许多因素的要求不够高，进而会带来投资上的风险。我会避开几类公司：第一，高杠杆公司，尤其是在普遍高杠杆的行业。第二，喜欢质押股权的。第三，市场形象比较差、信誉不好的。这类公司反而很多时候在市场中很活跃。第四，特别喜欢乱投资的。我对于有以上特征的企业，基本上会一票否决。许多风险偏好很高的，或者大家常说的比较"狼性"的公司，我往往敬而远之。

对于估值风险，我有一些衡量指标。例如，PB 估值是非常重要的维度，因为大部分公司都可以用净资产去衡量价值。另一个重要指标是行业市值占比，它能提示某个行业的泡沫化状态。

第二个层面：自上而下的宏观思维。我是比较早判断全球通胀中枢要上行的。这会带来长期利率中枢的上行，是一个长周期的宏观基本面变化。该变化一旦出现，会对实体经济和资产价格造成较大影响。在我做出该判断时，资产的定价并没有充分体现通胀上行这一宏观变量。自上而下的差异化认知，不仅能找到投资机会，也能规避一些风险。

这两个投资框架维度，无论是自下而上的公司竞争力判断，还是自上而下的宏观范式变化，都从相对中长期视角出发。相比之下，目前市场中谈得比较多的中观维度，尤其是景气度维度，在我的决策权重中比市场要少一些。

对我而言，估值比行业增速更重要。如果高增长换来的是很贵的定价，风险收益比就会变差。我会更多地投一些有较强竞争力、市占率高、盈利能力有进一步提升空间的公司。

朱昂：从持仓的行业看，你长期会在一些具有周期属性的行业做投资，能否理解为背后带有某种周期或者均值回归的思维？

蓝小康： 均值回归和钟摆理论是我非常重要的思维角度。有一个重要的前提条件，即行业长期的需求是相对稳定且会持续增长的。

比如食品饮料的价格，长期是跟着通胀上行的，尤其像白酒价格跑得比通胀还要快。只要这类产品长期不会消失，那么当行业自身出现景气和估值的波动时，加上投资者情绪的放大，我们就能找到合适的机会去交易。这一类投资是我比较擅长的。

从历史经验看，无论是消费、金融、能源还是互联网，都与宏观经济总量相关，那么需求大概率也是整体向上的。以钢铁为例，美国、日本、德国在完成城镇化后的十几年间，对钢铁的需求一直保持稳定。

很多资产有周期属性，投资上会呈现均值回归的特点。传统行业不一定会被淘汰。在这些行业估值较低的阶段买入，估值较高的阶段卖出，是比较好的投资方式。我在日常投资中大量运用钟摆和均值回归的投资方式。

朱昂：你很看重商业模式，但投资的行业并没有集中在商业模式特别好的消费、医药等领域，能否谈谈背后的原因？

蓝小康：核心是定价问题。影响资产定价的因素有两个，一是对永续增长的判断，二是利率的变化。

经历了近 40 年的利率下行期后，假设未来较长的时间内利率进入一个长期向上的周期，这对具有长期稳定增长的资产在分母端的定价就不太有利。此外，我也会对这些资产未来 3 ~ 5 年是否能继续稳定增长持审慎态度。从国内经济增长周期来看，这类资产基本面最有利的环境在慢慢过去。即便我认为它们的基本面还是很好，可如果相比过去会有所弱化，那么在分子端的定价也会面对不利。

既然分母端和分子端的定价都在向不利的方向发展，这类资产的预期收益率就会下降。即便商业模式依然很好，但是只要外部环境发生变化，就会对增长本身和定价产生影响，导致这类资产不再提供过去那样的较高预期回报。

相反，我觉得目前周期类资产盈利景气的久期会比市场预期的长不少，这些在定价层面并没有体现出来。由于我和市场在这类资产基本面上的认知存在极大差异，所以在我眼中周期类资产的定价并不充分，预期回报要比市场认为的更高。

朱昂：许多人认为，价值投资就是买低估值的公司，能否谈谈你在选公司的时候是怎么做的，有什么偏好？

蓝小康：对于个股来讲，绝对意义的低估值没有太大意义。对不同类型的公司，我会用不同的估值工具，但本质都是 DCF 定价模型。我对公司价值的基本要求是，能够赚到真实的现金流。

如果说有什么绝对的偏好，我希望组合中的公司估值在 10 倍～25 倍 PE 之间，对应 10%～30% 的增长。公司的利润表能与现金流量表有较高的匹配度，增长也是可以持续的。短期的高增长对我而言意义不大。

价值投资者也需要关注未来。过去这几年，我所偏好的低估值、增速持续、商业模式和现金流都很好的公司在市场中数量少，且它们的定价也都很贵。要找到持续增长 30%～50% 的公司非常不容易。所以我还是偏向寻找稳健增长的永续类资产和定价错误的周期类资产。

尽量避免永久性亏损

朱昂：价值投资会经历偏左侧的等待，如何避免价值陷阱？

蓝小康：左侧等待的机会成本是我们不得不承担的。一个价值投资者可以通过努力适当提升对市场的感觉，但机会成本无法完全规避。

如果问我是否有绝对意义的价值？我以前认为有，现在认为没有。过去我到了某一个绝对意义的价值，就会重仓去买。但是现在，我会在价值到了差不多的位置就开始买。即便重仓买，也不期望自己买入的位置是绝对的最低点。市场的交易往往是过度的。我们肯定希望买入一只股票的成本越低越好，但要等待市场给出完美的买入价格是非常困难的。

不支付左侧等待的成本，等到右侧趋势起来再买入，并不适合我的投资系统，也会偏离获取长期绝对收益的目标。总结来说，由于我对个股的选择非常苛刻，因此大额永久性亏损的公司比较少，即便有一些亏损，也是因为换到了更合适的公司上。

朱昂：能否分享一个有代表性的投资案例？

蓝小康： 在 2017 ～ 2019 年，我对许多用 DCF 模型估值的公司，持有了完整的收益周期。在这个阶段，我组合中大量的公司都是这类估值合理、增长稳定持续的公司。许多公司在我持有的时间内，获得了完整的绝对收益。在这个案例中，只要我认为某类资产能达到 20% 以上的预期收益率，就不会在过程中兑现短期收益。

但是进入到 2019 年下半年以及 2020 年上半年，许多这类 DCF 模型估值的公司，在未来几年增长中枢不变的情况下，估值都出现了很大幅度的提升。假设这类公司估值到了 35 倍，对应 10% 的业绩增长，未来永续增长率可能下滑到 3%，预期收益率就会掉落到 8% ～ 10% 区间。这时 DCF 模型估值的资产，已经无法满足我组合的预期收益率，在有更好资产的情况下，只能选择把这类资产卖掉。

规避风险的本质是看清基本面

朱昂：接下来我们聊聊组合管理。如果全是同一类资产也会面临阶段性的压力，你是如何做组合管理的？

蓝小康： 首先，必须承认自身的局限性。在类似于 2015 年和 2020 年的市场环境下，我们往往会面临较大的挑战。由于我的风险偏好要比市场更低，因此在那样的市场环境下，我只能接受自己业绩的阶段性平庸。在核心资产走向泡沫时，我卖出这些资产后也不太可能再追回来。我的心得是，投资要坚持长期视角，不能被短期的趋势和情绪左右。

做投资至今，除了风险偏好极高的那两个年份外，我总体是能够跑赢市场和同行的。这说明我对不同类型的行业和资产均有广泛的覆盖度，我的组合有比较好的平衡性。在绝大多数市场环境下，我对这套投资体系充满信心。

我个人不排斥成长股，只是不喜欢对短期的弹性过度定价的状态，我偏好有健康商业模式的成长。

朱昂：你会对组合中的行业比例设置上限吗？

蓝小康： 我不会设置很严苛的行业比例。当我认为对某类机会很有把握时，肯定不会介意多配置一些。如果我觉得各类资产机会差不多时，就会尽量在各个行业做均衡配置，这样持有人的体验会更好一些，也有助于防控风险。

有时候我可能会忽略某些风险因素，或者错过一些机会，导致组合面临比较大的压力。完全的均衡配置可以减少忽略关键因素的风险。但我一直认为，市场通常会有主要矛盾，我会尽量把引领市场的主要矛盾找出来。

只有共赢的系统才能持续

朱昂：价值投资经常会逆着市场趋势，需要强大的内心，你如何打造一颗大心脏？

蓝小康： 我认为，个体是非常有限的。所以我要求自己，用本分的方式做事，不要太高估自己。这就天然使得在市场疯狂的时候，我不会跟随市场去波动。

　　假设有一家公司现在股价为 10 元，大家认为一两个月后能涨到 15 元，但一两年后基本面可能没那么好，股价有可能要跌到 5 元。那么对于我来说，即便股价短期大概率会涨，我也不会去做交易。有的投资者可能偏好赚这个钱，但这和我没什么关系。

　　朱昂：基金经理的投资也和价值观有关，能否谈谈你认为重要的价值观是什么？

　　蓝小康：我最重要的价值观是共赢，只有共赢的系统，才能够更长期运转下去。每一个人创造的商业价值体量有所不同，但是在社会价值层面，人与人之间的价值创造差异没有那么大。我是典型中国文化的拥趸，骨子里认同人人平等。只有平等了，社会才有稳定发展的基础。美国讲究的是个体英雄主义。在整个行为方式中，美国讲的是顺人性，而中国在自我约束方面讲得更多。我觉得人应该适当约束自己。

　　无论是管理几百亿规模的基金经理，还是市值上千亿的企业，对于整个产业链的上下游客户、供应商、投资者，都会产生很强的外部性。我希望自己的投资能够产生正外部性，让整个和我相关的生态链都能实现共赢。

　　朱昂：价值投资也要对估值因子的有效性抱有长期信仰，在 2019 ～ 2020 年全球估值因子失效的时候，你是如何坚定自身信仰的？

　　蓝小康：我的组合中总是有一定比例成长因子，并不完全暴露在低估值上，整个组合是比较平衡的。在 2020 年，我对估值因子失效的压力感受更深。那时候我认为利率的钟摆已经到了极端位置，早晚有一天会摆动回去，因此我主要在通胀类相关的周期股中寻找机会。对于那时候市场偏好的长久期资产，我认为低利率环境会发生变化。

所以，我认为信心来自坚定的基本面认知。

朱昂：在你的投资生涯中，有没有一些飞跃点或者突变点？

蓝小康： 2020 ～ 2022 年，我积累了对宏观的认知，也逐步在投资的过程中加大了宏观层面的权重，这是我很大的一个变化。通过对宏观的认知，我能投资那些宏观相关的周期股。这些公司在定价方式上，和此前我擅长的 DCF 模型资产不太一样。

另一个飞跃是，我开始更多地接受 A 股市场的客观现象。回到我们前面聊的问题，我觉得一些现象的产生和社会价值、政治经济学有关。这些现象有其合理性，我可以选择不去做，但要接受客观现象。

此外，我增加了赔率思维。过去我一直是强调概率思维的基金经理。现在无论是对世界观的认知，还是和同事之间的磨合学习，我都越来越能感受到赔率，感受到边际变化。这一点对我提升 A 股投资的适应性很有帮助。

在无序的世界中，创造正外部性

朱昂：有什么让你开心的高光时刻吗？

蓝小康： 最让我开心的是认知的成长，以及和一些认知能力比较高的人互动。对于自己，我并不觉得过往取得了多么高光的成绩，我还在不断积累的过程中。

朱昂：你是不是通过认知世界，达成跟世界和解的结果？

蓝小康： 每个人的认知都是有限的，无论哪种认知方式，包括价值观，其实都是世界审美的选择之一。

我认为真实的世界有比较强的无序性。很多时候现实世界和我们想要的理想世界不一样。相对确定的是，绝大多数人都希望世界变得更美好。所以我一直追求自己行为的正外部性。我起码能做到一点：我愿意接受世界真实的样子，但我也做自己。

朱昂：投资之外，你会做什么？

蓝小康： 陪伴家人、读书、跟朋友聊天、旅行、吃点好吃的。

投资理念与观点

▶ 只要能理解公司的商业价值，大概率就能获得确定性的收益，但有一个重要的前提：长期持有。若以较高的价格买入一家确实能够创造自由现金流的公司，就必须超长期持有才能获得令人满意的复合回报。

▶ 高科技公司，其商业本质对整个社会而言，往往是一种成本。大量公司技术迭代失败后，光付出了成本，却没有收益。这不符合自由现金流久期定价的模型，而股票又是典型的长久期资产，如果拘泥于芒格的定价方式，就很难对这类公司下手。

▶ 我会避开几类公司：第一，高杠杆公司，尤其是在普遍高杠杆的行业。第二，喜欢质押股权的。第三，市场形象比较差、信誉不好的。

这类公司反而很多时候在市场中很活跃。第四，特别喜欢乱投资的。

▶ 对于估值风险，我有一些衡量指标。例如，PB 估值是非常重要的维度，因为大部分公司都可以用净资产去衡量价值。另一个重要指标是行业市值占比，它能提示某个行业的泡沫化状态。

▶ 对我而言，估值比行业增速更重要。如果高增长换来的是很贵的定价，风险收益比就会变差。我会更多地投一些有较强竞争力、市占率高、盈利能力有进一步提升空间的公司。

▶ 如果说有什么绝对的偏好，我希望组合中的公司估值在 10 倍～25 倍 PE 之间，对应 10%～30% 的增长。公司的利润表能与现金流量表有较高的匹配度，增长也是可以持续的。短期的高增长对我而言意义不大。

▶ 如果问我是否有绝对意义的价值？我以前认为有，现在认为没有。过去我到了某一个绝对意义的价值，就会重仓去买。但是现在，我会在价值到了差不多的位置就开始买。即便重仓买，也不期望自己买入的位置是绝对的最低点。市场的交易往往是过度的。

▶ 我个人不排斥成长股，只是不喜欢对短期的弹性过度定价的状态，我偏好有健康商业模式的成长。

▶ 完全的均衡配置可以减少忽略关键因素的风险。但我一直认为，市场通常会有主要矛盾，我会尽量把引领市场的主要矛盾找出来。

▶ 我认为，个体是非常有限的。所以我要求自己，用本分的方式做事，不要太高估自己。这就天然使得在市场疯狂的时候，我不会跟随市场去波动。

第 7 章

寻找有保护的成长股

访谈对象：王睿

访谈时间：2021 年 9 月 23 日第一次访谈，
2023 年 5 月 29 日第二次访谈

　　和王睿兄的相识，要追溯到差不多 10 年前。那时候我还在做销售，正巧有一个销售离职了，公司领导就把他手上的客户分给了好几个销售，其中王睿所在的基金公司分给了我。

　　那时候我手上覆盖了差不多快 20 家基金公司，有上海的、深圳的，也有广州的，这决定了我不可能在单一客户上耗费很多精力。于是，王睿所在的基金公司我去得比较少。甚至当他升为公司的研究总监后，我都没去专门拜访过。要知道，对卖方销售来说，研究总监的话语权可能直接决定了我们最终的交易佣金分配。

　　没过多久，我就离开去创业做私募了，还写了一封离职信。当时，王睿专门加了我的微信。他说，虽然从未见面，但每天都看我的邮件，觉得我是一个很有思想的销售。他还说，要专门过来找我吃午饭。

那是我和王睿第一次见面，我们这家私募在上海浦西的四川北路，其实离王睿所在的陆家嘴金融圈是有一定距离的。中午收盘后，王睿专门从陆家嘴打车过来，还掏钱请我吃了一顿饭，然后又打车回去。要知道，每天中午要请他吃饭的卖方分析师或者销售估计要排个小小的队伍。他专程过来见我这个举动，让我非常感动。从那一天起，我们成了非常好的朋友。

之后，我又回过卖方，也覆盖过王睿所在的公司。每一次跳槽或者转换职业，我都会找王睿沟通，他也会很坦诚地给我一些建议。更重要的是，和王睿的沟通总是没什么压力，他是一个很坦诚又带有一些文艺感的人。和他的交流，不是只有投资，还有很强的生活气息。

我在 2021 年和王睿做过一次访谈，到了 2023 年做了第二次交流。对比两次访谈，我能清晰地看到他的投资目标、投资框架、投资理念都没有发生变化。在第二次访谈中，王睿进一步阐述自己"三年翻倍，寻找有保护成长"的目标，并且给出了许多深刻的客观事实。

第一个事实是，盈利的持续增长是股价上涨的最大驱动力，这个无论是对美股还是对 A 股，都是有效的。有人说 A 股市场短期投机，但拉长看，大牛股都是依靠盈利增长驱动的。

第二个事实是，权益基金年复合收益率的中位数为 8%，这是专业机构投资者的平均收益能力，这个数字还远超散户的收益率。也就是说，无论你身边的人让你感觉投资多么厉害，无论多少人跟你说买了几倍的大牛股，这个市场的平均收益率就是 8%。这意味着，投资要适当降低预期收益率目标，绝对不能想着一年赚个 50%。即便许多人买到了牛股，也会因为犯错损耗收益率，所以投资的第一目标是避免犯错。

在选股层面，王睿原创了"胜率、赔率、效率"的不可能三角。胜率代表盈利空间，赔率代表安全边际，效率代表时间。王睿牺牲了效率，追求胜率和赔率的匹配。这意味着，他舍弃了对收益兑现时间的把握。他买入的个股，有些可能兑现收益时间短，也有一些需要等待。他的不可能三角，比大家经常说的"好公司、好行业、好价格"又上了一层，加入了时间兑现的因素。

王睿是一个很有趣的人，在第一次访谈结束后，写了一个关于自己的"番外"，从中能看到他生活的一面。

从投资理念到投资目标，再到投资框架

朱昂：你有一个底层的投资目标，寻找三年翻倍的个股，能否谈谈是如何形成这个目标的，以及相关的投资框架？

王睿：回答这个问题之前，我想先谈谈为什么形成三年翻倍的投资目标。

我在经历了多年投资、做了很多反思后，形成了一个最底层的投资信念：盈利的持续增长是股价上涨的最大驱动力。

我对公司定价的理解是，价格是围绕价值波动的。假设市场上有两只股票，一只是价值不断向上的成长型资产，另一只是价值中枢不变的周期型或者主题型资产。投资这两类资产都有机会赚到波动的钱，区别在于前者波动的区间随着价值增长可能会不断抬升。

通过对 A 股市场历史大牛股的复盘，我看到长期维度下的公司股价涨跌排名能被业绩增速充分解释。长期业绩增速越快的公司，股价表现也越好。

形成了这个底层信念后，就是设定投资目标。我的投资目标是：寻找有保护的成长，希望组合在中长期能够实现 15% 左右的复合回报。2011 ～ 2022 年，权益基金年复合收益率的中位数为 8%，并且有 9 年是跑赢沪深 300 指数和上证指数的，这说明 15% 的复合回报是非常可观的收益，不是特别容易实现。

有了投资目标后，又来到下一层的方法论。每一个方法论都需要做取舍。关于取舍大家更多会提"好公司、好行业、好价格"的不可能三角。我认为这只是一个平面，需要加入时间的维度形

成四维的框架体系。对于我来说，不可能的三角是"效率、胜率、赔率"，胜率代表盈利空间，赔率代表安全边际，效率代表时间（见图 7-1）。我牺牲的是时间效率，追求胜率和赔率能够匹配投资目标。不同的投资方法是在这三者中进行取舍，比如景气成长放弃赔率、左侧拐点放弃胜率。

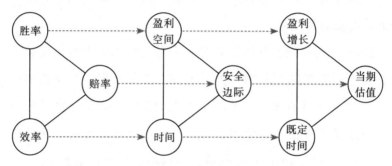

图 7-1　"效率、胜率、赔率"不可能三角

方法论是为投资目标服务的，通过一套体系让投资目标可达成的概率稳定可控。我的方法论会从中观行业比较出发，但不是一种行业配置策略，而是以自下而上的选股作为组合落脚点。

朱昂：但是过去几年宏观层面的变化和不确定性很多，有没有给你的投资带来新挑战？

王睿：我在投资上会尽量减少宏观交易层面的操作，这不是我擅长的。打个比方，今年我要做高股息资产，明年要做高景气资产，后年要做外资喜欢的资产，这是一种偏宏观的交易思路。

我擅长的还是行业和产业的研究，以及对其中个股的挖掘。所以在风格上，不太会做太多宏观层面的判断。整体的组合应该是宏观中性的，不会因为某一年看对了宏观方向占优，也不会因为看错了宏观方向吃亏。

考虑到盈利预测的准确性和外部风险的不确定性，从过往发布的基金定期报告可以看出，我组合中占比 5% 以上的个股很少。除非有些公司确实跌到太便宜了，我觉得这个位置确定性挺高，才会少量增加。我认为真正能同时满足高胜率和高赔率、值得重仓的公司没有那么多。

2018 年的时候，我曾经吃过一个亏，买了一个通信设备的龙头公司，因为美国制裁的黑天鹅事件，股价出现了八个跌停。这个公司我最初持有 4%～5% 的比例，但在股价连续跌停的过程中，产品又出现了大量赎回，导致持仓比例被动提升。从那件事后，我对不可控的风险特别敏感，一般不会持有很重的仓位。

看重估值的成长股选手

朱昂：我们曾经做过一个内部数据分析，你是我们成长股分类中回撤控制很好的之一，能否谈谈这是怎么做到的？

王睿：我的投资风格属于价值成长，属于成长股基金经理中比较重视估值合理性的，或许是这个特点使得我在成长股基金中回撤控制比较好。

我买股票的时候，会有一个三年的预期收益率，这个收益率基于比较保守的估值假设。我之前做过周期研究员，会带有一种周期的视角看估值变化。对于周期股来说，我们应该在景气低点的时候，对估值的容忍度高一些，到了景气高点的时候，反而要给比较低的估值。由于大部分行业都有周期性，我会在景气高点时，预期估值会有一定的回落，这样就能避免高估值阶段的波动。举个例子，我们看到类似于医疗服务、部分消费等，在景气度高点时，大家都给了很乐观的估值，最后的结果都是血的教训。

盈亏同源，因为我比较看重估值，所以许多股票我会卖得比较早。比如我 2022 年组合中就有十几个点的数字经济和软件，算成长股基金经理中比较早布局这个方向的。但是在 2023 年人工智能大爆发的时候，许多股票到了我三年翻倍的目标价，就卖掉了，没有拿到最高点。甚至很多股票我在卖出的过程中，有些人刚刚开始买。

好处是，个股在泡沫化阶段的波动很大，由于我并不参与这一段投资，整个组合的波动性就会降低一些，代价是牺牲了短期的收益弹性。

朱昂：回到选股的环节，你比较看重胜率，宁可错过，不可买错，能否谈谈你是如何保持较高的选股胜率的？

王睿：这个问题还是回到我前面提到的选股"不可能三角"，我要的是胜率和赔率，放弃的是效率。许多人说，高胜率和高赔率无法兼得，事实上可以找到这样的机会，但需要牺牲时间效率。我买完一只股票后，什么时候涨是不知道的。

我选股上有一个"3 要素 +1"的体系，"3 要素"分别对应：时间，三年左右的维度；空间，一倍利润空间，复合收益率 25%以上；安全边际，正常情况下估值收缩的空间不大。"1"对应公司治理问题的一票否决。

从中看到，三年潜在收益率翻倍是我选股的充分条件，安全边际是重要参考，而公司治理问题会做一票否决。

由于放弃了效率，不追求短期能涨的股票，选股节奏就不会被市场阶段性情绪影响。很多时候我们在选股上犯错，是被市场情绪左右以及相对排名的压力导致出现无谓的错误。

我对于持有的个股很有耐心。举一个最近发生的例子，有一只股票我持有了差不多 35 个月，一直没怎么涨，最后在一个月的时间内完成了翻倍，拿了三年，确实完成了翻倍的目标。

偏好需求扩张行业中的投资机会

朱昂：能否分享一两个有代表性的投资案例？

王睿：我做研究员时看的第一个行业是钢铁，早期也是研究周期股出身的，但是我做了投资之后，很少在周期股上赚过钱。过去几年的周期股供给侧改革牛市，我真的参与很少。也就 2017 年在钢铁股上赚过 30%～40%，买得也不多。

我发现自己喜欢买需求扩张的行业，比如之前参与过电动车、光伏、汽车智能化等，都能看到需求的快速增长。而周期股的需求很稳定，价格波动来自供给侧的收缩。我找那些三年翻倍的机会，都基于比较稳定的估值体系，通过利润的翻倍实现收益。而周期股要看三年后的利润很难，估值稳定性也不高。

我第一个代表性的案例，是很早就开始研究的新能源汽车。我记得是 2012 年坐飞机的时候，在一本杂志上看到当时特斯拉的一款跑车 Roadster，觉得这款车设计很酷炫，而且美国很多富豪都买过，就开始研究特斯拉。当时国内还没有很好的投资标的，买的股票和特斯拉一点关系都没有。

等到 2016 年 Model S 推出后，我觉得终于看到一款能量产的电动车。那时候就从特斯拉产业链发散，挖掘到相关受益的一批股票，其中有一家是做制冷控制元器件的，属于我 2017 年的重仓股。这家公司那时候我就判断利润能到 30 亿元，市值空间看到 700 亿元左右，最后这些目标都达到了，公司市值一度还超过千亿元。

我第二个代表性的案例，是 2019 年底发现了汽车智能化的机会。那一年去展会，发现没什么手机产品，都在做汽车的智能座舱。我当时算研究汽车智能化比较早的人，找到了一家做域控制器的公司，这家公司也恰好在 2019 年底出现了一次很大的业绩拐点。记得那天晚上我特别兴奋，看了之后没睡着，这在我做投资那么多年里只出现过两三次。

当然，后来证明我那天晚上白激动了，这家公司花了很长时间才涨起来。这家公司很优秀，即便在此前收入下降的过程中，研发费用的投入还是上升的。也是由于研发费用占比很高，使得公司的净利率从十几个点掉到了两三个点的水平。

从 2019 年的年报中，终于看到了研发投入后带来的大类新产品，其中最重要的是一个大屏和液晶表盘，相当于做了一个完整的智能座舱。这家公司还是英伟达在国内的唯一代理方。公司的客户结构上，也出现了合资甚至外资的独资品牌。从报表看，收入和利润率都呈现了快速增长。特别是研发投入随着收入扩张占比下降后，使得盈利出现了大幅改善。

到了 2021 年三季度左右，公司有一个季度业绩低于预期，股价跌了很多，我在那个位置又加仓了一些。然后股价在四季度和 2022 年一季度冲高，涨到 800 亿元左右市值的时候我就差不多卖光了，之后市值更是上到过 1000 亿元。不过回头看，这家公司还算卖在一个比较对的位置。

朱昂：这些年对组合管理的要求越来越高，不再是简单的行业分散，能否谈谈你如何规避组合出现方向性的错误？

王睿：首先，构建组合要围绕统一的投资目标：寻找有保护的成长，希望组合在中长期能够实现 15% 左右的复合回报。组合中的每一只股票都是用来服务这个目标的。投资目标是我们构建组合的锚。

其次，如果把组合看作一张纸，这张纸是由点（个股）和线（行业）构成的。有些线会阶段性变粗，是比较好的行业。我希望通过线的角度，找到里面比较亮的点。我认为，在三年翻倍的行业里面找一只三年翻倍的个股，比在一个三年不增长的行业里面找一只三年翻倍的个股要容易一些。行业比较是组合的出发点，个股选择是组合的落脚点。

我的行业比较并不是景气度投资，事实上过去这些年我错过了很多非常景气的行业机会，包括消费、医药外包、锂矿、储能。核心就是这些行业很容易选出来，但里面自下而上的个股同质性比较强，很难找到有明显壁垒的公司。

再次，我的组合在风格上呈现成长价值的特点，算成长风格基金经理中比较重视价值的。前面也提到，我特别看重个股的估值合理性，如果比较出来的行业个股估值普遍都很高，我一般会做规避。即便赚不到估值泡沫的钱，也同样不能吃到戴维斯双杀。

最后，关于如何规避方向性错误，我的组合会刻意布局在大概五六个方向。即便我很早就看好了某个行业，这个行业在我组合的仓位也不会很高。我一般在关注的单一方向，会控制一定比例来布局仓位，通过行业离散度控制组合的波动。

我很喜欢足球，组合构建就像一支足球队的阵型，比如 532 或者 433 这种，有前锋、有中场、有后卫。组合里面的资产不是同向的，在不同阶段发挥的作用不一样，不是所有资产都是用来进攻的。

还有一点，我组合的仓位通过自下而上兑现收益的方式调整。一旦组合的个股达到我的目标价，通常就会卖出兑现收益。如果组合中一批股票都兑现了收益，那么仓位自然就会降下来。

朱昂：你的投资目标是寻找三年翻倍的个股，过去这两年宏观变化比较多，有没有给你的投资带来新挑战？

王睿：虽然这两年宏观变化比较多，但还是有一些增长很快的行业，在这些行业里还是能找到很多三年业绩翻倍的公司。

拉长来看，我相信这种方法是有效的，市场一定跟着利润增速比较快的和确定性比较高的方向走。虽然短期的定价可能会失效，好的时候会透支比较多，差的时候可能会超跌，但现在已经到了历史上比较低的估值水平了，充分体现了现在市场的悲观预期。要相信均值会回归，这点我还是蛮坚持的。

走正道，赚慢钱，不怕难

朱昂：每一个人的框架背后都有底层信仰，能否谈谈你投资的底层信仰是什么？

王睿：我对投资有两个重要的底层信仰：一是股价涨跌长期由利润增速决定。A股虽然会出现涨的时候透支未来、跌的时候超跌的现象，但是稍微拉长一些时间看，利润增长在A股是非常有效的。利润增长方向一定是股价正收益最重要的因素。

二是估值会出现均值回归。虽然阶段性估值会出现较大泡沫，长期看估值的均值回归是比较确定的。这和我在2015年市场高点做投资带来的肌肉记忆有关。

肌肉记忆很有意思，即便有过相同的经历，也是不一样的。我经历了2015年市场的波动，记忆比较深的是跌下来后亏损的痛苦。许多股票最后跌下来的位置，要比我当时给的合理定价甚至买入价位还要低很多。

朱昂：过去这几年市场风格来回变换，你是如何应对的？

王睿：A股每年的风格差异确实非常大，在所有市场都有效的投资体系几乎是不存在的，你很难每年都跟上市场。

首先，我觉得方法论需要进化，因为市场在不断变化，经济结构、人的想法也都在变化，你需要根据时代的变化去更新投资体系，但你核心的东西不能有太大的变化，主要是细节的优化。

比如，我之前喜欢在个股的左侧位置下重手买，但是这两年A股市场的估值波动比以前更大了，在左侧位置就可能不会下手太重。这就是对方法论的优化，但整体的投资框架是不会发生变化的。

其次，要能够对抗压力和诱惑，找到合适的方法并不难，难的是在面对困难的时候能够坚持下来。投降很容易，坚持很难。例如现在的人工智能主题投资，有些股票可能会在短时间内翻倍，看起来很容易理解，但如果去参与了，你就跳出了自己的方法论体系，做了自己不擅长的事。那么短期赚到的钱，长期是会伤害你的。

如果把相对排名作为目标，就会处于很焦虑的状态，体系就会不断变化，反复打脸。核心是掌握自己能够理解的机会。

再次，相信估值回归。你要想一想，现在是处于估值下跌的过程中，那未来能不能回到合理的估值水平？想清楚了，心态也会平和一些。

最后，我还有一个外部条件的优势，就是公司的氛围和考核目标还是比较友好的。公司鼓励多种策略风格，也不会给员工特别大的压力，可以按照自己的想法做。

朱昂：如何缓解压力，是公募基金经理共同的难题，你有什么好办法吗？

王睿：我觉得缓解压力的关键是，不要有太强的相对排名思维，要设立一个比较客观的投资目标。

大家总觉得 A 股有很多赚大钱的机会，但是拉长看，基金产品的收益中位数就是 8% 左右，这说明绝大多数人没有把市场中所有的钱都赚到。你只要能把自己认知之内擅长的钱赚到，少犯错误，长期坚持下来，就能取得一个市场中位数的收益目标。很多时候收益率不高，是因为过度压力带来了无谓的亏损。

我刚接手基金的时候，也喜欢看排名，喜欢看看股吧、基金吧等，排名好就很开心。后来经过市场的磨炼，我变得更平和了，主要就是给自己设定了目标收益率。如果你把相对排名作为目标，就会始终处于一种非常焦虑的状态，体系不断发生变化，有时候容易反复打脸。但如果你把目标定义为长期15%左右的复合回报率，审视你组合里的股票是不是满足要求，这个事情就容易些。

用我曾经在一个上市公司调研时看到的一句话做个总结：走正道，赚慢钱，不怕难。

投资理念与观点

▶ 盈利的持续增长是股价上涨的最大驱动力。

▶ 对于我来说，不可能的三角是"效率、胜率、赔率"，胜率代表盈利空间，赔率代表安全边际，效率代表时间。我牺牲的是时间效率，追求胜率和赔率能够匹配投资目标。

▶ 由于大部分行业都有周期性，我会在景气高点时，预期估值会有一定的回落，这样就能避免高估值阶段的波动。

▶ 许多人说，高胜率和高赔率无法兼得，事实上可以找到这样的机会，但需要牺牲时间效率。

▶ 三年潜在收益率翻倍是我选股的充分条件，安全边际是重要参考，而公司治理问题会做一票否决。

▶ 在三年翻倍的行业里面找一只三年翻倍的个股，比在一个三年不
　增长的行业里面找一只三年翻倍的个股要容易一些。行业比较是
　组合的出发点，个股选择是组合的落脚点。

▶ 很多时候收益率不高，是因为过度压力带来了无谓的亏损。

番外：王睿眼中的自己

能够与我的好兄弟朱昂约访谈是一件很荣幸的事情，之前约
过几次我都婉拒了。前些天我们一起吃饭又说到了这件事，交流
的过程中我突然想，把自己的教训以及方法论拿出来客观地总结
一下不也是一件很有意义的事情么？一个人的世界观和价值观会
较大程度地映射到他的组合里，我也尽可能地回顾和反思了自己
的组合。

我个人骨子里是尊重和热爱多样性的，喜欢和希望看到一个
大不同的世界以及凡事的多种可能性。比如去旅游的时候，不太
喜欢扎堆去那些有名的景点，反而更多会去街头巷尾、小众的博
物馆、咖啡厅、跳蚤市场，甚至杂货铺，去发现一些不一样的风
土人情，也会收获不一样的愉悦和体验。

再举个例子，我 1993 年开始看意甲，1994 年开始看世界杯，
算是个老球迷。找到自己钟爱的球队的过程，跟挖掘自己重仓的公
司的过程不经意间也是高度相似的。大家都追逐巴西、德国、荷兰
的时候，我最喜欢的球队是欧洲拉丁派的西班牙，当时西班牙还是
一只世界杯上连韩国都赢不了的欧洲二流球队、预选赛之王。作为

其球迷的我也经常受到身边各大豪强球迷朋友的嘲笑，但我还是坚持没变。除了对西班牙足球本身风格的喜爱和认可，换个角度，巴西、德国这种水平的球队夺冠给球迷带来的愉悦感远不足以补偿他们输球带来的沮丧，更庸俗一些说，他们的赔率太低了。

十多年后，西班牙封神般连续三次夺得世界大赛冠军，这种喜悦对于一个见证了其从无人问津到走向辉煌的死忠而言，像极了重仓股从鲜有关注到市场焦点的蜕变。不过享受黑马蜕变的过程也要承受比白马更大的风险敞口，我同期发掘的另一支球队帕尔马后来就不幸降级了，当然，还好止损做得早。

这种世界观和性格反馈到我的组合里，就是我会更倾向于去挖掘一些细分行业的龙头和隐形冠军。如果把投资的收益率比作旅游的愉悦感，我其实并不排斥任何市场热捧的白马股，这也是世界多样性的一部分，只是通常名胜景点周边人群实在太密集，我需要花很大的代价才能挤进去，这大大降低了我的愉悦感。但如果能够轻松获得一张名胜的门票，我肯定也不排斥。

我做的投资决策都是把基于有限时间的预期收益率作为衡量标准的，这个期限一般是两三年。西班牙完成蜕变花了十年的时间，我希望在公司价值的实现上，时间能稍微缩短一些，择时稍微准确一些，不要那么左侧，毕竟我们每个季度都有财务报表参考，不需要等一代球员的更迭。

访谈结束的时候朱昂问了我一个问题：如果不从事投资的话会做什么？我当时的回答是我很热爱投资这项工作，它让我接触到各式各样的行业、公司和各样的人，推动我不断思考，因此暂时还没有想过去做其他事情，只是希望有一小段时间可以暂时停下来，完全跳出目前的工作来总结一下经验教训。

后来我仔细想了想，按照我的性格，如果有一天中国的市场被几家公司大一统，主动管理不配置这几家公司就完全跑不赢的时候，我可能会考虑做一些工作的变化，比如晚上写写东西，白天去开开专车，跟形形色色的人聊天，也不失为一件很有意思的事情。

第 8 章

逆向的成长选股

访谈对象：许文星

访谈时间：2020 年 10 月 29 日

当谈到逆向投资时，大家通常会觉得这是价值投资的一种方式。试想一下，逆向投资和成长投资相结合，会产生什么效果呢？许文星就是一名做逆向投资的成长股选手。他很年轻，对于新鲜事物充满好奇，但又有着超越年龄的成熟度，风险偏好不高，又带有量化的思维。

我认识许文星一晃要 10 年了。刚认识他的时候，他还是一个稚气未脱的大男孩，有着很强的亲和力。看电信、媒体和科技（TMT）出身的许文星，一上手做投资并未带有强烈的风险偏好，反而"胆小谨慎"，这或许和他入行就经历了 TMT 的长期熊市有关，也受到他世界观的影响。

许文星认为世界是带有不确定性的，许多结果都有"幸存者偏差"的特点。在外部约束条件上，许文星发现中国公募基金的持有人信任度整体不够高，净值如果波动太大，会影响持有人的投资收益。这两点让许文星选择了带有逆向策略的投资框架。

许文星的逆向投资不是只买跌幅最大的公司，也不是买估值最低的公司，他偏好在行业的生命周期低点和公司经营周期的低点中去布局有竞争力的高质量公司。当盈利和估值都在低位时，能够得到比较好的风险补偿以应对不确定性。许文星把公司质量放在最重要的位置，衡量质量的有效指标是投资资本收益率（ROIC）。对于公司的质量，许文星认为不仅要看盈利端，也要看资产负债表。

在组合构建上，许文星通过凯利公式结合股票的胜率和赔率，形成个股在组合中的仓位占比。组合中个股的仓位，都是通过胜率和赔率自下而上形成的，不会用自上而下的视角对不同行业分配权重。在他的组合中，胜率和赔率最高的公司，会占到最大的仓位。

和许多逆向投资者一样，许文星相信均值回归，相信周期，相信树不会长到天上去，也相信过于拥挤的交易会影响未来的收益率。这次访谈在2020年10月，当时许文星就指出公募基金重仓的"核心资产"基本上都在估值最高的位置。回头看，几个月后这一批"核心资产"的股价开始崩塌。我们也很幸运能从一个后视镜的角度，验证了许文星的预判。

确实，均值回归是永不改变的规律。相信从这篇访谈中，能让我们看到逆向和成长的结合。

通过逆向降低回撤，提高持有人体验

朱昂：你的投资框架带有一定的逆向，为什么会选择偏逆向的投资框架？

许文星： 之所以形成逆向投资的框架，和我的从业经历有关。我一入行就是看科技行业的，第一次从研究转向投资、扩大行业的覆盖面时，就遇上了 2015 年股市危机。那时候开始反思科技股前几年的涨幅背后有什么样的问题。到了 2016 年，我开始管理绝对收益目标导向的专户产品，又遇上了开年的熔断。2018 年 2 月我做投资，正好是那一年的最高点，后面市场差不多跌到了全年的年底。

这几次经历都让我看到了系统性风险的杀伤力，让我对风险补偿或者安全边际更加关注。我觉得很多东西在研究的过程中都是带有不确定性的。大家可能都会讲，伟大的企业能够涨几十倍甚至更多。很多事情从"后视镜"总结，都是很漂亮的，但站在当下的时间点看，会发现许多结果是幸存者偏差。很多行业是一胜九败，一个公司成功的背后是 9 个甚至 99 个公司的倒下。

如果把投资作为一项事业，而不是个人财富的积累，从信托责任的角度看，我认为最重要的就是平衡不确定性和收益之间的关系，而不是用客户的钱实现个人的理想。我在做投资的时候，会对高度共识比较谨慎，每次我听到"这一次不一样了"这句话，都会特别警惕。回头看，每一次都没什么特别不一样的东西，每一次都是一样的。

我们做投资，或多或少会受巴菲特影响，大家也都希望能找到一些长期穿越周期的超级大牛股。然而，巴菲特的资产管理模式对于公募基金来说，是比较难模仿的，因为目前公募基金管理人和客户之间的信任关系，还处在建立的初期。由于是在信任建立的初期，所以提高客户的持有体验就变得尤为重要。

我一直在思考一个问题，如何让持有人赚到钱。中国主动管理基金过去的表现其实很好，历史年化收益率超越了许多大类资产的表现，但是真正让持有人赚到的实实在在的回报差得很远。一个很大的原因是净值波动比较大，这也和 A 股市场的特点相关。我希望通过投资中的风险补偿降低组合的波动，让持有人赚到比较好的收益。

消除不确定性有两种方法。第一种是通过极为深度的、非常前瞻的研究，去消除未来的不确定性。这里面做得比较好的是高瓴，其所有投资都是以 5 ～ 10 年的维度出发，能够看得特别长。第二种是退而求其次，希望找到一些具有安全边际的公司，通过安全边际带来的风险补偿，来抵御经营周期和行业波动的不确定性。这种方法比较典型的代表是橡树资本的霍华德·马克斯。

这两种方法并没有优劣之分，前者对于研究的要求很高，也需要负债端有长期资金匹配。相比来说，我觉得鉴于公募基金的负债端特征，第二种方式更适合我。

朱昂：从资源禀赋和负债端的特征看，你觉得用风险补偿的方式应对不确定的未来，是更适合公募基金持有人的一种做法吗？

许文星：霍华德·马克斯曾经说过，比较好的基金产品并不是每年都冲到特别靠前的那种，而是在市场表现相对困难的时候，能够帮助客户一起度过不确定性时光的。基金产品在表现周期中，较少处在一个相对不利的环境，这一点我非常认同。从过去的切身体验看，公募基金收益率的表现还是不错的，但是许多客户并没有赚到多少钱。

我希望自己的产品净值，能够在震荡市或者熊市表现比较好，在市场的大牛市中未必要很突出。我不仅看重净值的收益率，还会非常关注波动率。拉长时间看，给客户提供一个长期收益率不错，夏普比率也比较高的产品。

对估值和盈利双低的公司进行布局

朱昂：能否具体谈谈你是怎么做逆向投资的？

许文星： 资本市场和实体经济很类似，都有周期波动的特点，这个波动又分为短期和中长期。我发现许多优秀的公司在经营周期中会做一些逆向操作。比如，在公司经营周期的低点，去做一些中长期布局；在竞争对手收缩的时候，加大一些资本开支；在经销商面临困难的时候，帮助经销商渡过难关，承担一部分成本。

这些短期逆向的经营行为，会导致公司短期的业绩不那么好，但是对中长期的增长有比较大的帮助。我们看到，优秀的公司都会在行业不太好的时候，更加凸显它们的竞争力。但是这类公司可能短期并不迎合资本市场的需求，资本市场更加偏好顺周期的公司——在经营比较好的周期中，用相对激进的做法继续扩张。对于这些在经营周期做逆向操作的公司，资本市场比较容易给估值折价。这时候，公司就会呈现出比较好的风险补偿。一方面估值上有安全边际，另一方面在基本面上低估了中长期的成长性。这种盈利和估值双低估的公司，是我比较喜欢的一类资产。

从一个更宽泛的角度出发，我更喜欢在行业低迷的时候寻找一些机会，当然这里面有一个重要的前提，要确认行业的周期性可能会向上。这就涉及对行业周期的判断，在一个行业萧条期的中后期，我会更加积极寻找机会，并且通过一些先行指标对行业的拐点进行判断，比如库存水平、订单量、竞争格局的变化等。

竞争格局的变化，是一个有效区分公司竞争力的指标。在市场好的时候，很难分辨差异，当市场景气度不好的时候，就能看到公司之间明显的差异。我发现，行业萧条期反而是容易找到好公司的时候。

前面讲了公司层面和行业层面的逆向投资，此外还有在突发性事件中的逆向投资，这种机会不太常见。当一个外部事件突然冲击到行业的时候，可能并不会对整个行业中长期的基本面有多大影响，但是会导致行业内的个股短期出现较大跌幅，这时候就是比较好的买入时间点。像当年的光伏事件和医药的带量采购政策冲击，这些时间点事后看都是很好的买入时机。相反，我会对短期的突发性利好比较排斥。

当然，归根结底投资最难的是判断公司的价值。正是因为我觉得对公司的未来定价很难，所以才会运用这套投资框架，希望通过组合的方式去规避一些不确定性。

投资，说到底还是要提高自身的认知水平，认知提高了会帮助我们更加接近真相。

朱昂： 反过来说，正因为无法看到真相，才需要通过风险补偿来应对不确定性。

许文星： 在我的世界观里，世界是由不确定性组成的。我们做投资都说要看得长，然而特别长期的事情往往很难被证实或证伪，我们在投资中建立的每个长期假设，都要建立反馈和迭代机制，只有这样才能够对相应的概率分布做修正。除非我真的有穿越时间的眼光，目前来看这方面能力还差很远，需要不断迭代。

有些事情我们看结果，可能有必然性，但是中间会有不同的路径，导致道路是比较波折的。就像我们说中国未来半导体行业一定会超过美国，这个结论可能没有问题，但是中间会出现哪些路径？这个判断就太难了。

作为专业的机构投资者，我相比普通大众或许在微观的研究和调研上有一些优势，但是随着信息的扁平化之后，人与人之间的认知差异是在慢慢收敛的，至少在信息获取层面越来越收敛。在预测上超越别人，变得越来越困难。

新兴和传统行业都有逆向的机会

朱昂： 你的投资属于成长股中的逆向投资，和传统的价值股逆向投资有什么差别吗？

许文星： 我觉得成长股的逆向和价值股的逆向是有交集的。

首先，权益投资很大一部分收益来自成长。一个企业只有通过不断成长，才能给股东带来回报。其次，我们经常定义的价值股，事实上都是很好的成长股，保险、银行、白酒、家电中的龙头企业，都有很强的成长属性，只是长期呈现出估值较低的状态。

我做逆向投资，会在新兴产业里面做，也不排斥传统行业。我们看到许多传统行业的格局，在过去几年的经济周期中，变得越来越清晰，公司之间的差异在拉大。

如果说和传统的逆向投资有差异的话，那么就是我对行业的成长性有一定要求，偏好在一个有成长性的行业里做逆向投资。一个行业的渗透率提高，会给行业里面的公司带来红利。

从企业价值创造的公式看，$EVA=IC \times (ROIC-WACC)$ [一]。这个公式里面最重要的变量是 IC，影响 IC 的主要因素是企业所处的行业赛道是否有足够的空间去投入资本。

我很看重长期趋势，越是长期趋势，确定性越强。比如人口老龄化就是一个长期趋势，基于这个趋势出现的需求变化是不可逆的。还有类似于清洁能源政策、集成电路的自主化，都是很大的产业政策，不会出现短期的摇摆。许多成长股，需求端的变化影响更大，通过渗透率的提高，迎来很好的成长阶段。

我也非常看重一个公司是否具有真正的长期经营主义。比如在新冠疫情发生后，不同的企业做了不同的选择。有些选择会导致短期一两个季度业绩不太好，但是这背后是公司帮助经销商承担了疫情中的损失，长期和经销商的绑定就会更强。

回到这个问题，很多公司我们很难用简单的价值或者成长来定义。有些公司确实在一个增速不快的行业，但是公司因为自身竞争力很强，增速是很快的。比如智能手机这个行业增速很慢，

[一] EVA 是经济增加值，IC 是投资资本，WACC 是加权平均资本成本。

但是一些做消费电子的公司还是被看作成长股。在传统行业中，比如房地产的产业链中也有一批公司的增速很快。

我会在两个方向找逆向投资的机会，一个是渗透率由低到高的新兴成长行业，未来 5 ～ 10 年有比较大的空间；另一个是行业增速缓慢，但是通过竞争格局的优化，龙头公司会不断扩大市场份额。

朱昂：在行业上，你相信均值回归，偏好在行业的低点去买，但是判断行业的拐点很难，有可能买了之后行业继续向下，这方面你是怎么做的？

许文星： 我会把行业的经营周期分为复苏、繁荣、衰退、萧条四个阶段。我尽量在行业的萧条期去买。在萧条期，库存变化是一个比较领先的指标，能反映供需之间的差值。更重要的是竞争格局的变化，假设一个行业原本有十家公司，最后只有一家公司在赚钱，其他都在亏钱，那么这时候大概率是行业底部。

我是找 Alpha，不是通过行业的 Beta 来赚钱。我在选股上希望找到有 Alpha 能力的公司，那么即便行业的萧条期持续，向上的 Alpha 还是可以对冲掉向下的 Beta。我把行业 Beta 当作期权，在行业低迷的时候，这个期权能够给我带来两样东西：第一，在行业底部的时候，我能够获得用低估值买好公司的期权，这些公司的关注度往往比较低。第二，在行业从底部向上复苏的时候，我又获得了来自 Beta 层面的期权。

我希望对公司的盈利假设是比较保守审慎的，避免在公司处在景气高点的时候，将公司的盈利做线性外推，相反，把公司在行业最低迷阶段的盈利，作为我的基本假设。

逆向投资不代表不看重质量

朱昂： 这几年市场出现了一个状况，有些公司即便很便宜，也一直在跌，市场给质量的溢价越来越高了，你怎么看这个问题？

许文星： 我觉得市场有一个比较大的误区，认为做价值投资的不需要看质量。我们看过去的十几年，在一开始的时候质量和价值是同向的，但是在过去几年出现了分离。这背后很大的原因来自公司回购。持续不断的公司回购带来的结果是，公司的估值变高了。过去，公司会把利润变成净资产，导致公司变成低估值的公司。这几年因为不断回购，公司的估值变高了。

投资中比较重要的一个指标就是 ROIC，ROIC 就是对应公司的质量，这是最重要的。我可以接受一个公司当期没有利润，但是要看清楚当公司业务稳定的时候，ROIC 会处在一个什么位置。

在这样的前提下，我对于公司的选择，不是简单去看低 PB或者低 PE。质量体现在两个方面，一个是资产负债表的质量，另一个是盈利的质量。有些公司的 PB 确实很低，但是资产负债表的质量没有那么好。

我会比较少地购买认知之外的公司，所以在我的组合里，中上游的一些资源公司比较少。反过来在一些进入稳定状态的行业，能找到质量不错的公司。比如房地产已经处于稳定状态，但这仍是一个十几万亿元的大市场，会产生许多不错的投资机会。

朱昂： 你怎么看管理层因素？

许文星： 我认为一个公司组织架构的生命力，比创始人的战略能力和前瞻性更重要一些。很多时候，公司的成长来自行业的红利，和管理层的战略决策能力关系没有那么大。然而，组织架构的生命力，能够让一个公司不断找到新的成长曲线。

组合构建借鉴凯利公式

朱昂：在组合构建上，你是怎么做的？

许文星： 在组合构建上，我会参考凯利公式，把胜率和赔率结合在一起。比如，我会对一个公司的上行空间和下行风险有定性的判断。如果一个公司有 40% 的上行空间和 10% 的下行风险，那么这个公司的赔率大概是 4 倍。公司的胜率取决于竞争优势和格局，假设这个公司的胜率是 60%。我会将 60% 的胜率和 4 倍的赔率相结合，最终对应到组合里面就是我的配置比例。

胜率和赔率越好的公司，在组合中的占比就越高。我的组合构建更多是自下而上的结果，并不是我自上而下希望在科技、消费、医药等赛道上进行多大的配置。

尽量避免过于拥挤的交易

朱昂：你怎么看注册制对投资的影响？

许文星： 对于投资者来说，随着上市公司数量越来越多，覆盖的难度会越来越大，一些有竞争优势的公司，会获得更多的估值溢价，这一批公司一定是我们投资组合中的基本盘。对于我来说，投资没有捷径可以走，就是要通过更多研究更加接近一个公司的真相，从而能够有更精准的定价。

海外市场已经实行注册制很多年了，并没有出现龙头股不断估值溢价的状态。比如美国的互联网龙头公司，估值也没有高得离谱。当然，上市公司的数量越来越多，也会导致一些基本面不错的公司定价阶段性失效，这就需要有眼光把这些公司挑选出来。

注册制会使龙头公司的定价越来越有效，被市场忽视的公司定价有些失效，这两部分收益我们都需要努力获得，获得超额收益的难度会变大。

朱昂：这两年市场表现都不错，你对 2021 年的市场怎么看，会不会出现回归？

许文星：坦率地说，A 股这两年一批优秀的公司确实获得了比较大的估值提升。估值的提升一定会降低未来的收益率，这是一个比较明确的结论。我觉得不会出现"这一次不一样了"，从历史上看，每一次都是一样的，那么我们需要思考如何应对。

一方面，要做更深入的研究，对公司未来的发展前景看得更准。争取从 10 个静态估值比较高的公司中，找到两三个可以通过成长性消化、动态估值比较低的公司。

另一方面，要把股票池从机构投资者占比较高的范围中向外做一些延伸。我最近看到一项数据，公募基金持仓的前 100 大个股，估值都处在历史分位的 90% 以上。虽然市场的整体估值并不高，但是基金持仓占比较大的这一批公司，基本上都处在历史最高估值水平附近。

我很客观地看待这个情况，如果以 50 倍的估值买入一个曾经

15 倍估值的公司，至少你的预期收益率就要降低了。当然，今天这一批公司肯定比 2015 年的要好，当时大部分公司是无法穿越牛熊的，许多公司今天的市值比当时的高点低很多。今天这一批公司会有许多能够穿越牛熊，但是对应的预期收益率可能要下调。

成长来自痛苦的时期

朱昂：在你的投资生涯中，有什么飞跃点或者突变点吗？

许文星：霍华德·马克斯讲过一句话："大部分人有价值的经验，都是在糟糕的时候得到的。"从我个人的经历来说，最宝贵的经验都是在相对比较困难的局面下获得的。比如我一开始说的，2015 年的下半年、2016 年的熔断、2018 年的熊市，都给我带来了很宝贵的经验，也帮助我实现迭代。

朱昂：如果不做基金经理，你会做什么？

许文星：我读书的时候，第一选择是做"码农"，成为一名算法工程师。我当时觉得用算法来改变世界是一件特别伟大的事情。如果没有选择金融市场，我一定会做一名"码农"。

投资理念与观点

▶ 我在做投资的时候，会对高度共识比较谨慎，每次我听到"这一次不一样了"这句话，都会特别警惕。回头看，每一次都没什么特别不一样的东西，每一次都是一样的。

▶ 在一个行业萧条期的中后期，我会更加积极寻找机会，并且通过一些先行指标对行业的拐点进行判断，比如库存水平、订单量、竞争格局的变化等。

▶ 我们做投资都说要看得长，然而特别长期的事情往往很难被证实或证伪，我们在投资中建立的每个长期假设，都要建立反馈和迭代机制，只有这样才能够对相应的概率分布做修正。

▶ 从企业价值创造的公式看，$EVA=IC \times (ROIC-WACC)$。这个公式里面最重要的变量是 IC，影响 IC 的主要因素是企业所处的行业赛道是否有足够的空间去投入资本。

▶ 我会在两个方向找逆向投资的机会，一个是渗透率由低到高的新兴成长行业，未来 5～10 年有比较大的空间；另一个是行业增速缓慢，但是通过竞争格局的优化，龙头公司会不断扩大市场份额。

▶ 我尽量在行业的萧条期去买。在萧条期，库存变化是一个比较领先的指标，能反映供需之间的差值。

第 9 章

时间和空间维度下的成长投资

访谈对象：王斌

访谈时间：2021 年 2 月 17 日

　　访谈王斌是在 2021 年初，当时我就看到了王斌持仓和市场主流不一样的特点。事实上，王斌一直有许多独家的重仓股，这让他在基金重仓股接下来的几年熊市中，获取了很高的超额收益。过去几年，王斌是全市场夏普比率最好的基金经理之一，他的年化收益率是最大回撤的好几倍。

　　王斌比较特别的地方有很多，其中一点是他把成长股分为时间维度的和空间维度的两种。时间维度的成长股大部分能保持比较长时间的增长，以今天的白马股为代表。相比之下，王斌更喜欢空间维度的成长股，这些公司往往通过产品大卖或者自身管理改善带来 ROE 的提升。

　　王斌有独特的个股分类：苦学生成功类、拆迁户类、有个好爸爸类。每一类都用非常形象的比喻直击商业模式。他最偏爱的是"苦学生成功类"的公司，通过自身努力能够获得比较高的 ROE。

在"苦学生成功类"中，王斌又细化出几个类型：第一，练成神功，一生受用；第二，持续考证；第三，老师点拨成功；第四，下游需求波动较大，但阶段性会爆发。

我们看到，王斌对不同公司有着形象的分类，而且都是按照商业模式做区分的，并非按照行业。

王斌认为，效率提升是世界运行的规律，他会寻找那些具有效率提升属性的公司。通过更好地对不同商业模式进行分类，王斌把投资实现体系化和流程化。王斌也曾经抓住某摩托车大牛股，可惜最终并没有享受到股价的全部涨幅。王斌认为，投资最终是自己对于世界认知的一种映射，你赚不到认知之外的那部分钱，认知力决定了你赚哪一部分收益。

在和王斌的交流中，你会感受到他的不同，从中也能理解他持仓的独特性。

从时间和空间两个维度把握被低估的成长股

朱昂：先谈谈你是如何看待投资的。

王斌：用一句话概括：我觉得投资是自己对世界认知的一种映射。很多时候我们做投资，是在观察世界运行背后的驱动力是什么。找到这些驱动力，然后落实到一些中观的细分行业中，了解不同行业的兴衰，构成了我大的投资逻辑框架。比如全球对于碳中和的推动，就会延伸出新能源行业的投资机会，包括电动车和光伏产业链，从国家政策层面的支持，到整个行业自身的效率提升，最后是新能源对传统能源一步步的替代。

所以，投资的核心是每个人对自己所认知世界的映射。对于世界的认知更深，就能够比别人看到更高的维度。有时候我们做投资感觉很辛苦，可能是自己认知的维度还不够高，这是投资中的战略部分，其他方面都是战术部分。

朱昂：落实到战术层面，能否谈谈你的投资框架？

王斌：我的投资框架也可以用一句话高度概括：寻找被低估的成长性行业和公司。我把成长性分入两个维度：时间维度和空间维度。

时间维度代表一个公司持续成长的时间比其他公司更长。比较典型的是一些白马龙头公司，这些公司能够在较长的时间周期中维持比较高的 ROE，保持比较长时间的成长性。类似一些白酒和白电的龙头公司都有时间维度的特性。

空间维度代表一个公司有比较大的想象空间。可能这个公司历史上的收益率是相对平庸的，比如公司前几年在投入研发、做渠道布局或者梳理内部的管理体系，导致历史上的 ROE 或者 ROIC 处在一个比较低的位置。通过公司自身的努力或者外部环境的变化，推动 ROE 或者 ROIC 从一个较低水平向上攀升。这就是一个典型的成长股逻辑。

对于我来说，买股票的核心就是从时间维度或者空间维度去挖掘股票。大家都说机构抱团买白马股，关键是需要甄别这些公司是否有足够强的竞争力维持住高 ROE。有些公司虽然历史上看非常优秀，但是时代的变化或者公司自身的原因，可能导致在买入之后 ROE 出现一个向下的过程。或者说，买入的时候我们觉得这个公司的 ROE 已经处在低位了，但是买入之后 ROE 继续往下掉。

在空间维度上，我们需要判断当需求起来的时候，公司是否有好的产品推出，品牌力或者渠道力是否能够跟上。这里面还涉及管理层的战略能力，有些管理层能够在行业低谷的时候逆势投产能，当行业需求起来时，就能出现一个快速提升 ROE 的过程。

基于这样一个时间维度和空间维度的投资框架，我把公司分为几类：第一，苦学成功类。第二，需求爆发类，比如 2020 年生产口罩的公司。第三，有好的大股东，比如有大股东持续注入好资产的公司。

在我的选股框架中，主要是找"苦学成功类"的公司，通过自身努力，能够获得比较高的 ROE，后面两类可遇不可求。我又把"苦学成功类"公司细化出几个类型。

第一，练成神功，一生受用。高端白酒就属于这种类型，其商业模式和产品都是顶级的。白酒厂商有一个持续的投入期，用于构建公司的品牌和产品的渠道力。过了这个阶段，公司的品牌力起来了，就不需要再做很多投入了，每年稍微扩一点产能就能一直赚钱。某些互联网公司也属于这种模式，依靠前期投入后"练成神功"，就能"一生受用"了。

第二，持续考证。就像我们考证书，考 CFA 证书或者 CPA 证书，每一个证书考下来后，都能稍微涨一些工资。这种公司需要持续投入费用或者资本支出（CAPEX），不断扩张产能和迭代产品。对于一些很优秀的管理层来说，在这种模式下可以通过对产品不断迭代，让公司维持一个较高的 ROE 水平。这类公司大部分出现在制造业和大众消费品领域。

第三，老师点拨成功。这些公司的基本要素都不错，比如有一定的品牌力，渠道力也挺好，产品也有一定的竞争力，只是因为历史上管理层的因素，没有把好的要素有效组合起来，导致 ROE 处在一个较低的水平。一旦有了好老师点拨，即管理层改善，重新组合公司的基本要素，公司较低的 ROE 就能提升。

第四，下游需求波动较大，但阶段性会爆发。这种公司就像年年都在考证，但是不一定每本证书都有用，拉长看这类公司的 ROE 水平不高。然而，有时候需求会出现一个阶段性的大爆发。比如一些电子相关类公司，就属于这种类型。某一天可能手机公司突然要用一种玻璃背板，上游产业链需求就会大爆发。但是到了第二年手机公司可能又换成陶瓷或者金属背板了，那么玻璃背板的产能就没用了。这类公司的 ROE 波动很大，中长期持股的效率不高，但是把握阶段性爆发的那一段，也有很不错的收益。

从对于这些公司的分类看，我并不是把一个公司按照行业进行划分，而是按照公司的商业模式进行区分。我觉得自己不是一个打了消费品标签的基金经理，行业维度的划分只是一个表象，就像每一个人的脸型都不一样，然而大家也有相似的部分。我觉得应该抛开表象把握背后最本质的地方：不同公司的 ROE 提升要素。

效率优先是世界运行的规律

朱昂：你一直在提 ROE，能否理解为这是你选股的核心指标？

王斌： ROE 和 ROIC 代表一个公司的资本回报，我投资股票的核心是不光看增长，还看公司增长的质量。有些公司通过不停融资推动增长，长期来看是毁灭股东价值的。我更加重视一个公司是否能为股东创造价值。

大家都在说成长，对于我来说成长一定要加上时间维度。万物皆周期，没有时间维度的成长都是伪成长。即便有些公司保持了 10 年的成长，但是拉长到 50 年、60 年的时间维度中看，或许只是一轮周期。比如房地产行业过去一直在成长，但是可能只是上行周期和下行周期都比较长。

朱昂：你的季报提到过效率提升和成本降低是商业中的制胜法宝，也是你寻找未来潜在优质公司的主线之一，能否具体展开说说？

王斌： 这是我的世界观，我认为世界运行的规律就是效率优先，这也是推动人类社会发展的重要因素。在这个方向上，有些公司能够建立很强的竞争力，从而将 ROE 维持在高位。

　　我在大消费和大制造行业看得比较多，对于效率提升有一些自己的心得。大消费主要有三个环节：生产端、渠道端、需求端。就像一瓶水，先要生产出来，然后再放到渠道里面，最后卖给终端消费者。

　　许多人会对生产端有所忽略，其实它很重要。我发现许多消费品的生产端依然处在作坊的维度，如果能够在生产端提升效率，就能带来 Alpha。养猪企业就是一个典型的例子，过去几年猪周期的核心是大型工业化养殖企业对中小型散户的淘汰。在这个过程中，大型养猪企业通过优秀的管理、科学的手段，把养猪的成本拉低很多，从而在猪周期下行的过程中，持续扩张市场份额。事实上这个趋势在 2015 年甚至更早就已经开始了，大型养猪企业的市场份额在持续提升，即便在猪价偏低的时候，也能够保持较高的生产效率，依然能赚钱，导致了中小企业的持续出清。

　　另一个例子是餐饮行业，新冠疫情给餐饮行业带来了很大的影响。过去我们吃饭，厨师是生产加工的核心环节，但是这种商业模式比较偏向作坊式的做法，许多菜品都是有差异的，导致餐饮行业很难扩张、厨师难以标准化，可复制性很差。

　　今天许多餐厅慢慢把流程标准化，以中央厨房作为核心加工环节，上游供应链把预加工的半成品送到后厨，我们点菜之后后厨只要把产品加热一下就行了。这样的商业模式可复制性就很强，而且能形成一条工业化的产业链，和汽车零部件厂商有相似之处。

　　在渠道端，我们也看到了效率提升带来的变化。过去渠道获客都是通过线下，在移动互联网崛起后，线上获客的效率比线下要高很多，从侧面看这也是成本优势的体现。而成本低是效率提升的一个结果。我们看到，过去的渠道采用分销模式，工厂生产完之后先到总代理，再从总代理一级一级往下分销，中间环节过多会有大量的加价，到终端客户的时候产品价格就很贵。

过去，工厂和经销商是分开的，工厂负责生产，经销商负责销售。现在许多企业通过信息化手段，能够慢慢把渠道纳入自己的体系中，去掉中间环节，实现了渠道的扁平化。这就是渠道改革后的效率提升。

以摩托车为例，深入理解需求的变化

朱昂：你讲了生产端和渠道端两个环节，能否再谈谈你对需求端的把握？

王斌：需求端的分析框架，更多要理解不同年龄群体的需求变化，基金经理对于这些变化要有比较强的敏锐度。过去是供给驱动的消费结构，生产什么用户就接受什么。现在是一个供给爆炸、需求驱动的消费结构，核心要理解用户的需求在哪里。

举一个例子，刚入行的时候我是看汽车的。当时看到乘用车的增速相对一般，但是运动型多用途汽车（SUV）这个细分品类的需求出现了大爆发。当普通轿车实现了一定程度的普及之后，大家买车的需求变得更加个性化和多功能化，SUV 的销量增速很快。

而在当时，SUV 车型的供给并不多，绝大部分都是 20 万元以上的进口车型，20 万元以下这个价格带并没有很好的供给以满足消费者的需求。当时一家本土汽车厂就推出了一款在 10 万元价格带的 SUV 车型，满足了大量的消费者需求，也推动了公司的业绩大爆发，成为那个阶段的大牛股。

还有一个类似的案例是大排量摩托车，和 SUV 的需求爆发很类似。过去大家买摩托车完全是用来代步的，现在许多人买大排量摩托车是为了追求炫酷，这个细分赛道每年能增长 30%～40%，而且渗透率还很低。从价格带来看，5 万元以上的基本上都是进口摩托车，2 万～5 万元这个价格带，国产摩托车的竞争力很强，能找到有产品力的上市公司。

有些行业虽然整体需求呈现周期性波动，但是里面还有许多细分的需求变化，像 SUV 和大排量摩托车都有这样的特点。如果我们能对这些细分变化保持敏感，找到里面的龙头公司，也能够带来很高的超额收益。

朱昂：像大排量摩托车这个机会，你是怎么发现的？

王斌：最初我是通过筛选报表的方式发现这家公司的，然后我就开始深入研究，试图发现报表背后的逻辑。我当时看了许多关于摩托车的视频，储备了很多这方面的知识。我还去摩托车的驾校进行调研，发现学习开摩托车的人非常多。像上海对于摩托车是限牌的，入门的门槛很高，即便这样也挡不住大家的需求爆发。

深入研究后发现，在汽车开始大规模普及的今天，摩托车反而变得稀缺。一辆 20 万元的摩托车肯定比一辆 20 万元的汽车更加酷炫。我又去研究摩托车的政策，发现进口关税有区域差异。如果是欧洲和日本进口的摩托车，关税就很高；但是从东盟进口，关税就很低。特殊的关税政策也给本土化的摩托车品牌打开了空间。沿着这个思路，我发现了国内某上市公司推出了一系列爆款车型，这也在之后公司的业绩和股价表现上得以体现。

朱昂：这和大部分消费品基金经理买白酒的视角不一样。看到你的组合里有一些比较冷门的公司，你如何找到这些大家不关注的好公司？

王斌：我的组合确实和其他基金经理有一些差异，会买入一些大家不太关注的公司，我觉得背后有几个原因。

首先，我会从中观产业链的角度，观察经济结构中的一些变化。我们看到过去几年中国经济发生了翻天覆地的变化，有些行业已经不再增加资本开支了，还有一些行业在持续投入。有些产业链景气度很好，还有一些产业链的景气度在衰退。在这个过程中，我可能观察到了一些别人没有看到的变化，所以说投资是我们对外部世界认知的映射。

比如摩托车这个案例，当时我就观察到了大排量摩托车的需求变化，并且在一家摩托车龙头公司的中期报告里，看到了超预期的业绩表现。当时深入研究后，发现这家公司的产品性价比很高，出口到海外有很强的竞争力。此外，公司已经在欧洲具有一定的市场份额，但是在美国只有个位数的份额，当时我就判断这家公司在美国市场的份额也会持续扩张。

其次，我的性格不太喜欢凑热闹。虽然我也知道跟随市场错误率会低一些，但是我还是希望自己管理的产品有一定特色。我觉得市场上基金产品很多，产品之间有一定的区分度会更适合用户进行选择。

我觉得一个组合的核心是守正出奇，既要守正，也要有一些不同点。我觉得在传统经济领域，也有一些隐形冠军，公司可能静态的 ROE 很低，但是通过自身改善能够发生正向的变化。

最后，大家关注度很高的公司，估值大概率不会很便宜，这也会影响我的长期收益率。相反，一些被大家忽视的好公司，估值会相对便宜一些，有可能带来更好的收益率。这类公司可能静态的 ROE 并不高，但通过自身改善能实现一个 ROE 向上爬坡的过程。

我们只能赚到属于自己认知范围的那部分钱

朱昂：能否谈谈你买入和卖出的原则？

王斌：我在买入和卖出的时候，一个重要原则是估值。我并不是看今天的估值，而是会根据公司长期的成长性折算回来看，如果估值超出我的理解范围，我也会选择卖出。同样的道理，对于买入的个股，我希望估值能比较合理。

朱昂：你挖掘到的最牛的股票是什么？

王斌：我挖掘到的最牛的股票就是前面说的大排量摩托车公司，这个公司最终涨了 10 倍，但是我并没有赚到 10 倍。当时卖出的原因是，这个公司的估值已经突破了历史上限。我用某国产汽车最高的 25 倍估值作为这个公司的估值顶。显然，当时已经不能用制造业公司对其进行估值了。

我后来想明白一个道理，把握一个公司从 0 到 10 的完整过程，当然是投资中最完美的状态。但是实际情况通常是，不同的投资者吃到了中间不同的盈利部分。有些人可能吃到了 0 到 4，有些人吃到了 4 到 8。每个人的认知不同，获得收益的阶段也不一样。回头看，复盘是容易的，站在当时的位置看清楚未来是很难的，所以我们只能赚到属于自己认知范围的那部分钱。

组合个性化更强的消费品基金经理

朱昂：那么在组合管理上，你是怎么做的？

王斌： 作为一个基金经理，构建组合的目标是给投资者比较好的体验，承担的风险小一些，收益率稍微高一些，尽量把组合的回撤控制好。这就像打仗中的排兵布阵，有些公司是为了让组合更稳定，有些公司类似于"骑兵"的作用，帮助我们出奇制胜。

我的组合中会有一部分基本面右侧的公司，也有一小部分处在基本面左侧的公司，行业分散度比绝大多数消费品基金经理更高。我觉得投资是一个赔率和概率的问题。右侧的公司概率更高，左侧的公司赔率更高，通过平衡两者的比例，最终给持有人带来比较好的持有体验。

朱昂：你的夏普比率很高，是不是也和组合更加分散有关？

王斌： 我觉得这是一个多方面的结果，在构建组合的过程中，我比较关注资产之间的非相关性。我尽量让组合中有不同类型的资产，这样就能比较好地分散风险。持有同一类资产，涨起来体验当然很好，但是跌下来压力也会很大。

我的出身和大部分消费品基金经理不同，我一开始是看汽车行业的研究员，后面又接了家电和建筑，再到后面成为消费组的组长。可以说，我做研究员的时候，最早接触偏制造类的公司，这也塑造了我的方法论。

我对于制造业和消费品两个大行业都有自己的理解。对于消费品企业，我更善于把握企业制造端的优势，不是只看品牌消费。我觉得把消费和制造结合起来，对组合管理的帮助比较大，让人对于商业模式的理解能够更加融会贯通。

朱昂：相比于其他基金经理，你组合中的小市值公司占比较高，背后的原因是什么？

王斌：这还是和投资世界观相关，我觉得投资的本质并不是一定要买大市值的股票。我相信均值回归，资本市场不会永远只有大市值股票才有机会。我觉得投资要回归到商业的本质，如果一个公司持续有超额收益，一定会面临竞争对手的进入，从而导致超额收益下降。我觉得经济处在复苏的阶段，小市值公司也是有机会的。

我希望打造一个稍微不一样的产品。大家都说白酒很好，我也很认同，但是我认为自己部分差异化的组合也能提供不错的收益。就像我开头说的，选股有时间维度和空间维度，有些人更看重时间维度，追求能持续成长的公司，而我更看重空间维度，更看重 ROE 的提升。

基金经理要懂得把体系流程化和标准化

朱昂：在你的成长过程中，有没有一些突变点或者飞跃点？

王斌：我觉得从研究员成为一个基金经理，对我来说是一次突变点。过去做研究员的时候，工作方式更像项目制，一只一只股票去做独立的研究。做了基金经理后，有了比较强的组合管理思维，要打造一个产品化和流程化的投资体系。一个基金经理不是找到一两只好股票就可以了，而是要有持续挖掘优质公司的能力，保持组合的新陈代谢。

做了基金经理之后，我开始理解研究员和基金经理在时间分配上的差异。一个有竞争力的基金经理，可以把流程进行工业化切割，这也是为什么我会把不同的公司进行分类。通过分类，能够找到不同公司的业绩拐点，尽量在关键要素发生变化的时候进行布局。

在投资中，我也会依赖内部和外部的研究员。但是只有在把投资流程做到标准化之后，才可以进行研究"外包"。

投资理念与观点

▶ 我觉得投资是自己对世界认知的一种映射。

▶ 大家都在说成长，对于我来说成长一定要加上时间维度。万物皆周期，没有时间维度的成长都是伪成长。

▶ 需求端的分析框架，更多要理解不同年龄群体的需求变化，基金经理对于这些变化要有比较强的敏锐度。过去是供给驱动的消费结构，生产什么用户就接受什么。现在是一个供给爆炸、需求驱动的消费结构，核心要理解用户的需求在哪里。

▶ 回头看，复盘是容易的，站在当时的位置看清楚未来是很难的，所以我们只能赚到属于自己认知范围的那部分钱。

▶ 我觉得投资是一个赔率和概率的问题。右侧的公司概率更高，左侧的公司赔率更高，通过平衡两者的比例，最终给持有人带来比较好的持有体验。

第 10 章

产业趋势的追随者

访谈对象：张帆

访谈时间：2021 年 1 月 27 日

在访谈张帆之前，我从未见过他，但这一次访谈确实让我记忆深刻。特别巧，我和他正好都在深圳出差，就约着在酒店的大堂聊一下。我想着基金经理都是很忙碌的，本来想去张帆的酒店，没想到他特别客气，专门跑到了我的酒店。即便从未见过，聊起投资却像老朋友，一直聊到大堂打烊。

许多成长股基金经理都会说到"产业趋势"这四个字。最终，我们投资收益的级别，一定和 Beta 的大小有关，而产业趋势，就是对 Beta 大小最重要的判断。张帆是一个把产业趋势投资方法论讲得很透彻的基金经理。他以苹果的产业趋势为例，提到在这样一个十年一遇的大产业趋势中，诞生了一大批十倍、几十倍甚至好几百倍收益的公司。投资者只要把握这样一个大的产业趋势，就能赚到很高的收益。

　　那如何判断产业趋势呢？许多大的产业趋势，用后视镜看很清晰，但站在当下看未来，总是迷茫的。这就需要对产业趋势进行生命周期的划分，并且用一些数据做跟踪。张帆将一个大产业的发展阶段分为导入期、成长期、成熟期。在导入期，基本面的增长跟不上股价的上涨，收益主要依赖估值扩张或者风险偏好；在成长期，产业基本面增长很快但同时估值也较高，需要同时处理基本面和估值，而收益的级别取决于产业成长的级别；在成熟期，行业增速放缓，收益主要来自超越行业的个体公司，需要自下而上挖掘个股。张帆放弃导入期的投资，在成长期把握行业Beta，在成熟期把握个股Alpha。

　　在访谈中，张帆无论是对产业趋势的描述还是具体个股的投资，都用详尽的数据做了阐述，也让我们发现，成长股投资最终离不开大的产业Beta，而把握大方向才是投资中最重要的部分。

产业成长做 Beta，产业成熟找 Alpha

朱昂：能否谈谈你的投资框架？

张帆：我的从业经历比较简单，最早是在卖方研究所做电子行业的分析师，2015 年开始做投资。我投资的范围主要在新兴产业领域，包括 TMT、新能源、军工和新兴消费。我只投资自己有能力圈的行业，对于没有能力圈的不会投资。比如消费，我会投新兴消费的小家电，但不会投传统消费的白酒。

作为一名成长股选手，我们要先分解成长股投资收益的来源：股价和估值、业绩之间的关系，可以直接用一个公式来表示，P=PE×EPS，也就是股价＝市盈率 × 每股收益。投资收益的来源要么是业绩，要么是估值。在较长的时间维度上，业绩有 10 倍以上增长的公司还是很多的，但是业绩不增长而估值持续扩张 10 倍的情况极罕见，所以投资的关键是找到业绩持续增长的公司，对估值做一个优化就行了。当然，我们没有能力预测 10 年的业绩，投资者要做出的判断就是 3 年后的业绩、3 年后的估值、判断的可靠性如何，以及如果判断错了应该如何处理。

我把成长股投资分为三种类型。第一类是主题投资，这种投资大多在产业的初期出现。产业的想象力强但基本面弱，是这种类型的主要特点，比如虚拟现实（VR）、增强现实（AR）、人工智能等。产业的初期总是伴随着想象力，但因为产品、成本、生态各种问题，行业的成长通道其实很不清晰，这就造成了在这个阶段企业的业绩增速比较慢。尽管主题在短期往往引人注目，但较慢的基本面是无法支撑股价长期大级别上涨的，所以这种主题带来的收益往往级别不大，在股市里体现为估值的弹性比较大，且非常依赖市场的风险偏好以及催化事件。

第二类是对行业 Beta 的投资，这种投资大多发生在产业的快速成长期，在这个阶段往往行业的高增速和高估值并存。这时候企业的业绩增速很快，而增速是行业 Beta 的基础。估值的波动比较大，起步估值高，估值更多的是市场给予整个行业的。带来的收益级别取决于行业成长的级别。比如 2021 年的新能源汽车，就属于这个类型的投资机会，从 2020 年三四季度的财报中可以看到，特斯拉已经跨过了渗透率的加速点，现金流不再需要靠融资或补贴，能够完全通过产品销售实现很高的现金利润增长。包括半导体、云计算、新能源汽车以及现在的军工都属于行业 Beta 的投资机会。这类投资机会，要么行业处于快速增长，要么增长的通道很长（以云计算为例）。

第三类是对个股 Alpha 的投资，这种投资可以出现在产业的各个阶段，我更关注的是产业成熟期的个股 Alpha。产业增速不行了，但个股增速明显超越行业，这样的公司是我希望投资的。这时候的业绩增速未必特别快，但公司的增速能够超越行业，持续性也更长。估值的弹性属于中小级别，一般公司的估值不会过大波动，起步估值也取决于公司本身。带来的收益率级别可高可低，就看公司自身的情况以及行业机遇。

我对于主题投资是放弃的，会把握行业 Beta 和个股 Alpha 两类投资机会。

作为成长股投资者，我们最终都是产业趋势的追随者。我把产业的发展阶段分为导入期、成长期、成熟期。不同的发展阶段主要矛盾不同，投资方法也就不同。导入期的时候，不确定性很高，很多在主题投资阶段，这个阶段我是不投的。进入渗透率提升的成长期，这时候行业 Beta 的作用更大，大部分公司都会上涨。到了成熟期，公司会出现分化，这时候把握个股的 Alpha 更重要。所以，我在投资上主要做成长期的行业 Beta 以及成熟期的个股 Alpha。

大级别行业 Beta 的收益巨大

朱昂：你是如何把握行业 Beta 投资机会的？

张帆：行业是否处于成长期，决定了是否有配置价值；行业 Beta 级别的大小，决定了我对这个机会配置的高低。我亲身经历过级别最大的一次行业 Beta 是智能手机。从 2010 年 6 月 iPhone 4 的推出到 2017 年 iPhone X 的推出，整整 7 年中行业板块涨了 30 倍，大部分公司取得了几十倍的收益。比如港股的一家消费电子公司，涨了 140 多倍。这个公司从 2007 年上市至 2021 年涨了 200 多倍，其中 100 多倍是 2010 年 6 月到 2017 年底产生的，即便我错过前面的涨幅也没关系。一些事后证明能力普通的 A 股消费电子公司，在此期间也有 20 倍～30 倍的涨幅。

在智能手机这样一个大级别的行业 Beta 中，基本上每个公司都会有很大的涨幅，遇到这种级别的行业 Beta 机会，就应该重仓。再比如军工行业，在一些细分的市场目前可见的收入空间大概有 2 倍～3 倍，考虑利润率提升的话利润空间要稍大一些，对这种中小级别的行业 Beta 机会，我会配置，但仓位就会轻一些。

对于行业 Beta 的把握，关键是要理解机会的大小级别，因为这将直接决定在这个机会上配置的仓位高低。而在里面选择什么股票，要不要做大级别的波动，都是一些优化手段。投资中需要先解决的问题是：买不买，买多少？

2017 年的 iPhone X 推出后，大家发现一万元钱的手机单价已经提不上去了，这其实意味着行业整体从成长期进入了成熟期，行业 Beta 不再是投资的关键，这时候个股之间 Alpha 的差别就开始体现出来，投资时也就需要自下而上找个股了。

朱昂：在行业 Beta 上，你怎么找到进入成长期，并且能持续成长几年的产业？

张帆：找到已经处于成长期的行业其实一般都不困难，你要识别出一个在持续壮大的行业，并且在大赛道中要"守得住寂寞"。比如云计算是一个已经持续成长很多年的大赛道，要识别出这个行业处在稳定持续成长的阶段并不难。

我觉得这里面比较重要的是，不要乱动。在智能手机这个大的行业 Beta 中，10 年诞生了许多涨幅几十倍的公司，最高的涨了 200 多倍。但是过去 10 年公募基金行业没有一只产品做到25% 的年化收益率。这背后的原因非常复杂，客观上行业的成长时时刻刻面对各种不确定性，要求投资人一眼看 10 年确实是不现实的。但也有一个原因就是我们老是乱动，想着去赚估值扩张或者估值波动的钱。其实只要把好的底层资产精选出来，找到有20% 复合增速的产业链方向，一直拿着就可以了，当然这个要求其实是非常高的。投资中，不是动作越多越好，而是要少犯错。

我会把产业趋势的核心矛盾总结为一两个指标，并跟踪这些核心指标来判断行业成长期是不是结束了。以新能源汽车为例，这个产业的核心问题是产品力不行，所以需要补贴，也就是说行业增长依赖的是外力，只要补贴一停，销量就会掉下去。在公司层面问题类似，即使是全球龙头也在依靠外部融资，自身业务是亏损的，一旦融资断了随时可能破产。但是从 2020 年三季报和四季报，特斯拉连续两个季度经营性现金流转正，同时利润出现了高增长，解决了这个问题。这些数据都是表象，背后的本质是产品力已经上来了，行业已经摆脱了外力依赖而进入上行通道，不需要补贴就能卖得很好。

从行业渗透率的角度看，全球每年卖大约 9000 万辆车，中国要卖 2600 多万辆，现在新能源汽车一年也就卖 200 万辆。新能源汽车依靠智能化的方式，不需要补贴就能卖出去，代表行业的渗透率有很大提升空间。这个事件就像 2010 年 iPhone 4 的推出一样。从 2007 年 iPhone 推出到 2010 年之前，苹果手机没有出现过放量，直到 iPhone 4 的出现。特斯拉的 Model 3 价格更便宜，技术更加成熟，已经达到了质变的阶段。

我们需要理解特斯拉财报背后的意义，这是一个行业性事件。那么对于我来说，就是跟踪后面能否持续放量。如果特斯拉持续盈利，就意味着产品力已经到了放量期，新能源汽车成为一个大众化的产品。

行业发展的第一个阶段，也就是导入期，一般只有产业级的资深投资者才能把握，他们有足够的认知赚这个钱。我们错过第一阶段没有关系，赚第二和第三阶段的钱也足够了。况且对于公募基金经理来说，要把握第一阶段需要投入巨大的精力，除非能集中配置某个产业链，否则时间精力的性价比不高。

科技成长股都有这样的特点：行业从一个导入期开始，慢慢不断渗透。在导入期的时候，产品并不完美，有各种各样的问题。这个阶段更加偏向主题投资，收益可能很高，但是风险也很大。拉长时间维度看，产业链中间部分的收益是比较甜的。

把握产业 Beta 变化的核心矛盾

朱昂：那么产业链进入成熟期之后，甚至向下的那个阶段，你如何规避？

张帆： 坦率地说，我们无法 100% 躲掉，从概率上讲肯定是这样的。这也是为什么我们要做分散，将行业配置在几个不相关的行业中。即便再优秀的人，成功概率也只能做到90%，投资 20年全部正确的概率基本为零，更别说我还不是一个那么优秀的人。

这就像拳击比赛，不可能一直在打别人，你也会挨上那么几拳。需要做的是，知道挨那几拳会受多大的伤。所以，我在投资中很看重纪律性。看错了就要认错，不要把自己想得太优秀，这样就不会有心理负担。

当然，也有一些数据变化能告诉你，产业链的周期结束了，这时候必须要做到冷静客观。我们还是拿智能手机这个大产业为例，2007 ~ 2010 年，iPhone 还是一个小众产品。2010 年 iPhone 4 推出后，智能手机渗透率快速提升，最终达到全球十几亿部，每年的销量复合增长率都很高。中间有一段，iPhone 5S 推出之后，智能手机销量的增速下去了。之后苹果公司从 iPhone 6 开始推出大屏幕手机，把整个智能手机的价格带都往上提了。

从 iPhone 4 到 iPhone 5S，四年时间价格只上涨了 1000 多元，涨幅为 20% 左右。但是从 iPhone 6 到 iPhone X，手机的价格上涨到了 10 000 元。行业销量已经不增长，通过提价销售额获得增长。

这时候苹果产业链大周期的核心指标就是平均价格。一旦价格不行，就意味着整个产业链见顶。电子行业本质上受摩尔定律影响，这意味着每一年半，在性能不变的前提下，价格要降一半。以往大家都会做供应链的跟踪来提前确认苹果手机备货量、各供应商份额，但行业的主要矛盾已经不再围绕放量，甚至不再围绕供应商之间的份额争夺，而是围绕终端价格即市场需求，行业的主要矛盾不在供给而在需求。

在 iPhone X 刚推出的时候，我跟踪销量发现了不好的信号。之前每一次 iPhone 出新手机，都是买不到现货的，只能加价让"黄牛"去买。但 iPhone X 一出来，我就发现黄牛的价格是下跌的，这个情况非常不正常。

我后来通过多种渠道跟踪需求情况，譬如运营商的激活情况、微信下载情况、电商平台的价格情况等，在 iPhone X 上市销售的两个月左右的时间里持续跟踪，基本上得到这款万元机销量较差、占比较低的结论。等到三个月后供应链下调，确认销量不行后，就判断苹果产业链见顶了。

回过头来说，我是看电子行业出身的，做出这样一个拐点判断内心都很紧张，而且还有很大的错误概率，更不要说在其他不熟悉的领域了。犯错是必然的，我尽量通过各种方法来减少犯错的成本，在事先就考虑到我的行业判断一定存在错误概率，在组合构建的开始就考虑这个问题并且做出相应的防范措施。这是投资中最难的。我们能做的是敬畏市场，不要觉得自己是股神，要多跟产业接触，让自己静下心来思考是不是自己搞错了。

朱昂：在找到一个行业 Beta 的产业趋势后，你如何选择这条赛道的公司？

张帆：我的风险偏好比较低，即便当 Beta 向上时较差的公司涨得更多，我还是尽量选择赛道里面的好公司。这点也比较好理解，假设景气上行使得行业价格上涨 5%，经营能力强的公司净利率从 10% 提高到 15%，增长 50%，经营能力差的公司净利率从 1% 一下子提升至 6%，增长 500%。我觉得涨得稍微慢一些没关系，对我来说安全性更重要。

费雪模式的选股方式

朱昂：我们再聊聊你的个股 Alpha 投资，一般会选择什么样的公司？

张帆：对于选股，我觉得只要看费雪就够了。在行业的选择上，我更多关注行业的变化带来的投资机会，这是我个人的路径依赖，像白酒、金融地产我基本上都不投的。

朱昂：在个股投资上，讲一个案例让我们感受一下吧。

张帆：我就说一家组合还持有的小家电公司吧。这是一家

2014 年上市的公司，很长一段时间被市场忽视。最初公司做的是全球西式小家电的代工，在 25 年时间中做到了 80 亿元的收入规模。公司长期的净利率很低，在 4% ～ 6% 之间，ROE 在 8% ～ 12% 之间，赚的都是管理带来的辛苦钱。公司的利润增速也不算快，2010 ～ 2018 年，利润复合增速为 10%。

从数据看，这家公司是典型成熟行业中的低估值公司。全球小家电行业很成熟，行业每年的收入增速在 3% ～ 8% 之间。公司从 2014 年上市到 2019 年我重仓买入之前，静态估值中枢在 20 倍附近。2013 年这家公司尝试建立自有品牌和渠道，以传统的线下模式为主，但后来持续亏损而没有成功。之后，公司开始做第二次品牌尝试，以多品牌走内容营销的新渠道，包括摩飞、东菱、歌岚等。

我当时去调研这家公司，发现这是一家很有潜力的公司。我是看电子行业出身的，调研过上百家工厂，在车间里走一圈就能大致看出一家工厂的管理水准。我调研发现这家公司每年做差不多 1000 个最小存货单位（SKU），每条产线几乎每年都要做不止一个产品，而且还是从模具到喷涂的垂直生产，这对于生产管理来说是极其困难的，而这家公司历史上竟然从没有在制造上亏过钱。当时，我隐隐觉得这家公司不简单，真实能力远超财报表观增速，于是买了一点观察仓进行跟踪。

然而，买完观察仓之后，公司的股价跌得很厉害。当时正好赶上人民币升值，公司在汇率上亏了，然后遇到 2018 年中美贸易摩擦。但是我隐隐觉得公司是有价值的，依然持有之前买入的观察仓。

朱昂：许多人观察仓的股票跌了就卖掉了，你能一直持有说明看到了公司的一些价值。

张帆：是的，我觉得这是一家有价值的公司，但是市场分歧巨大。当时市场对这家公司并不看好，理由其实也很充分。首先，大家觉得公司壁垒不高。小家电行业的壁垒是品牌和渠道。这家公司的渠道依赖小红书和经销商，一旦龙头家电公司进入会立刻垮掉。其次，大家觉得公司的市值空间不大。当时给公司的远期市值也就130亿元，对应当时市值的预期收益率不高。最后，许多人认为公司选择做自有品牌是错误战略，应该继续给国内多样化的品牌做代工。

我和市场共识有比较大的分歧，我认为小家电模式在新的消费趋势下已经出现了变化。这个市场的核心是消费者的碎片化，这导致小家电的商业模式出现了变化。过去大家是走单一品类、多个SKU的方式，比如电饭煲这个品类，从100元到1000元的都有。公司生产也是按照计划来，少批量、大批次，生产完以后，就往渠道里压货。

现在的市场形态是小米模式，单品爆款是最重要的。过去为什么有那么多SKU，本质是产品的品质不够好。在市场碎片化之后，SKU会精简，同时单个SKU的销量会大幅波动，这是传统的渠道和生产模式不适应的。比如，让传统家电厂商去做一个销量难以预测的产品，对于他们来说，要么做不到，要么成本很高。在新的消费趋势下，需要快速柔性响应的能力。

柔性制造的难度非常大，管理结构要做改变。从2017年开始，这家公司就开始调整业务的管理结构，形成了非常领先的"产品经理负责制+厂长负责制"结构。产品经理负责制的源头可以追溯到小米模式,但是小米自己无法将其延伸至制造端,这家公司却向前走了一大步,从前端的销售到最终的制造全部打通。到 2019 年,这个结构已经充分磨合并且开始释放出很强的效率和竞争力。

朱昂:所以公司的变化是从组织架构开始的吗?

张帆:组织架构的变化非常重要,意味着公司能更加快速应对碎片化消费的大趋势。到了 2019 年 3 月,该公司开始推出摩飞便携榨汁杯。当时公司的规划是一年销售 100 万个,没想到上线一个星期,订单就达到了 20 多万个,到了 6 月,一个月的销量已经到了 40 多万个。对于其他公司来说,销量大幅超预期可能会导致供应链跟不上,或者品控开始有问题。但是这家公司的组织架构调整,带来了很强的柔性生产能力,供应链完全没有问题。整个 2019 年,公司的摩飞便携榨汁杯卖了 350 万个。

我一直很看重公司的制度,制度决定了对员工的激励方向。这家公司采用产品经理负责制之后,每一个产品经理都会拿产品让下面的厂长竞标,大家都只对自己的利润负责,并且激励也能相应地落实。这个制度激发了产品经理的创新能力和厂长在生产环节的积极性。

我当时看到公司的二季报,摩飞单季度收入达到了 1.5 亿元,超过了 2018 年的全年水平。这个数字已经验证了公司组织架构调整后的竞争力,商业模式是能够跑得通的。而且自营产品的净利率接近20%,远远超过代工产品 6% 的净利率,一下子把公司的净利率往上拉。我就是在看到 2019 年的二季报后,决定把公司买到顶配的。

后面的故事是,公司这款便携式榨汁杯收入大幅增长,远超市场预期，而且净利率超过了 15%。便携式榨汁杯这个品类在 2020 年销量是下滑的，行业的降价非常厉害。但是该公司的产品价格完全稳住了，且销量也是增长的。这其实已经说明公司开始有品牌溢价了，产品竞争力也得到了充分验证。这家公司的股价在过去一年也涨了很多倍，是一只大牛股。

投资中要避免心理成本

朱昂：你觉得这家公司 Alpha 的来源是什么？

张帆：这家公司的 Alpha 是由管理结构和管理层素质提供的。公司所处的这条赛道，其他家电公司也可以进入。但是对比这家公司和其他小家电公司，业绩上的差异比较明显。公司的 ROE 从原来的 10% 提高到 25%，业绩增速远超竞争对手。

表面上看，这家公司的业绩放量从 2019 年 3 月开始，事实上公司用了大概三年时间调整组织架构。组织架构调整之后的业绩放量更多是一个结果。事实上，我对公司的买点把握得非常好，在一个比较低的位置买到了很大的仓位。

不过我在 2020 年 4 月对公司做了一次减仓，减仓之后股价又涨了一倍。当时因为看到海外的疫情暴发，认为对公司的代工出口会有影响。当时预计公司利润能够到 8 亿元，相比 2019 年的 6 亿元增长一些，给 25 倍估值也就是对应 200 亿元的市值。

后来发现，公司的代工业务确实受到影响，但国内自有品牌销量大幅超预期。公司原本负责榨汁机的工厂有约 22 000 人，到了一季度春节回来后招了约 8000 人。到了三季度就已经实现了

10 亿元的利润，超过了我此前的全年预测。

　　所以说，股票投资的不可预测性挺强的。我对于公司全年的利润低估了 50%，我在原来的预测基础上，感觉公司风险收益比变差了，才进行减仓。我后来发现公司的市值空间比我当时预判的更大。

　　我们不能只看某一个单品的销量怎么样，而是要把该公司作为一个平台来看。在公司现有的组织架构之下，未来是有可能继续推出爆款单品的。这些必须通过持续的跟踪来判断，而非事前的预测。我后来也想得更加清楚了，既然公司有长期的竞争力，在没有看到明确的基本面拐点之前，就应该长期持有，不要太在意短期的业绩波动。所以我后面又把卖掉的部分买回来了。

　　朱昂：卖掉一部分仓位后，能够买回来是很困难的，要克服极大的心理障碍。

　　张帆：我觉得做投资不要把自尊心放在太高的位置，看错了就要认错。我做投资，不会有心理成本，我只看基于市值空间的风险收益比。核心还是要回答最本质的问题：公司的 Alpha 还在吗？公司的 Alpha 源头是什么？单品放量是必然还是偶然，会不会出现下一个放量的单品？

行业 Beta 要分散，个股 Alpha 要重仓

　　朱昂：你在组合管理上是怎么做的？

　　张帆：我是一个不怎么调仓的人，虽然做偏科技的成长股，但是换手率不高，过去两年平均每年换手率只有 100% 多。低换

手率和我的投资方法有关。我买的是产业发展阶段，这个阶段是中长期的，不会每天发生变化。我们看到股票每天波动，但是产业的基本面并不太波动，我的换手率变化跟随产业的阶段变化。

我觉得投资中最优的情况是买一只大牛股，十年赚个 200 倍，这个收益率远超几乎所有产品。当然，这么做的风险是，犯错的成本也很高。谁又能看清楚未来呢？一旦犯错风险可能很大。还有一种做法是，索性所有的股票都买，不承担自下而上的不确定风险，这就变成了全市场指数基金。我的做法就是从两者中找到平衡，而平衡的关键就是投资人自身对于风险、收益的权衡。

我的组合中基本上就是两类资产：赚行业 Beta 收益的资产，赚个股 Alpha 收益的资产。对于行业 Beta 这一部分资产，我的要求是做非相关性的分散。有些行业看似不同，其实背后的驱动因素是一样的。比如金属外观件和柔性电路板（FPC），看似不同的子行业，背后的动力都是手机，这其实就不是行业分散。我组合里面的不同行业 Beta，彼此之间的驱动因素要不一样。在每一个行业 Beta 中，我配置的公司也不会很多，一般就是一条产业链配几个公司。

我对单一的产业链配置也不会太高，组合里面尽量有好几个不相关的投资线索。如果重仓一个行业 Beta，看对了收益率就很高，但是看错了犯错成本也很高。我做投资，先剥离风险，再去看收益。假设我配置 20% 仓位在一个行业 Beta 上，即便看错跌了50%，也就拖累净值10%，我还能翻身。此外，我配置的都是成长期的行业 Beta，上下波动很大，采取分散配置能有效降低风险。

在个股 Alpha 的机会上，我追求的是重仓持有。如果我买公司的出发点是个股 Alpha，那么我一定是冲着重仓持有去的，一般起步配置就是 4% 的仓位，最高配置是 8%。所以，个股我要么不买，要买就是 4%、6%、8% 三个档位，基本上都是重仓。个股的机会不好找，既然找到了就应该下重手，否则意义不大。这么做的原因还有一个，就是个股的 Alpha 无论是业绩还是估值，更多依赖公司内在，没那么依赖行业景气等外部因素，因此稳定性也更高。

朱昂：你觉得自己超额收益的归因是什么？

张帆：从表观上看，我的超额收益来自个股，其实更多的是来自产业。这和归因的时间维度有关，大部分归因分析都以一年作为维度。我是低换手型的成长股选手，更多的是从产业的角度出发进行配置，但并不是做轮动，而是把握一个处在较长发展阶段的产业。未来我希望在个股的 Alpha 上做得更好，这样产品的回撤就更低。

朱昂：但是我看你的回撤属于很小的啊。

张帆：我的回撤在 TMT 基金里面肯定是很低的，我希望把产品的夏普比率做得更好。这意味着要么用同样的回撤获得更高的收益率，要么以更低的回撤获得同样的收益率。这就需要在组合里面买入更好的底层资产。

我之后会投港股，这能够给我更多好的底层资产。随着未来注册制的实施，供给会越来越多，来自行业的 Beta 收益会越来越小，需要更多地依靠个股获得 Alpha。

投资没有躺赢，跟踪比预测更重要

朱昂：在你的投资生涯中，有什么飞跃点或者突变点吗？

张帆： 哪里有什么飞跃点，都是不断在犯错中学习。我一直觉得自己对电子行业的研究比较深入，但是也犯过许多错误，这说明其实自己的理解也就一般。有时候会把 Beta 属性的个股当 Alpha 来做，当行业 Beta 不行的时候没有及时卖出，也买过治理结构有问题的公司。

朱昂：这些年你做成长股投资，有什么感悟吗？

张帆： 第一，无论做什么投资，都是不能躺赢的。成长股肯定不能躺赢，价值股也不能。有人说买白酒躺赢，其实做起来很难。价值股更看重壁垒，成长股更看重变化。

第二，我们对未来的预测都是不准确的。乔布斯也曾经做过许多根本没有实现的预测，更别提我们了。

第三，没有哪种模式是最优的，重要的是最牛的人在干什么，比如当年的英特尔和 AMD，以及微软和苹果。

第四，不要真的觉得自己是 Alpha，可能我们最终都是 Beta，甚至是主题。很多年前也有一批成长股选手中闪耀的明星，其中不少人已经被遗忘了。我们曾经以为是选股能力牛，其实都是来自当时的 Beta。

投资理念与观点

▶ 在较长的时间维度上，业绩有 10 倍以上增长的公司还是很多的，但是业绩不增长而估值持续扩张 10 倍的情况极罕见，所以投资的关键是找到业绩持续增长的公司，对估值做一个优化就行了。

▶ 我在投资上主要做成长期的行业 Beta 以及成熟期的个股 Alpha。

▶ 我在投资中很看重纪律性。看错了就要认错，不要把自己想得太优秀，这样就不会有心理负担。

▶ 犯错是必然的，我尽量通过各种方法来减少犯错的成本，在事先就考虑到我的行业判断一定存在错误概率，在组合构建的开始就考虑这个问题并且做出相应的防范措施。

▶ 我做投资，不会有心理成本，我只看基于市值空间的风险收益比。核心还是要回答最本质的问题：公司的 Alpha 还在吗？公司的 Alpha 源头是什么？单品放量是必然还是偶然，会不会出现下一个放量的单品？

▶ 我组合里面的不同行业 Beta，彼此之间的驱动因素要不一样。在每一个行业 Beta 中，我配置的公司也不会很多，一般就是一条产业链配几个公司。

▶ 个股我要么不买，要买就是 4%、6%、8% 三个档位，基本上都是重仓。个股的机会不好找，既然找到了就应该下重手，否则意义不大。

第 11 章

用三年视角买合理估值的好公司

访谈对象：林森

访谈时间：2022 年 10 月 12 日

股债双牛、管理过的基金拿过晨星大奖、在公募基金期间管理规模高达 1000 亿元，这些都是林森独特的标签。他身上确实有几个极其特别的地方：他在离职前的五年中，管理的一只混合偏股型基金是所在基金公司所有产品中数一数二的，他用 50% 的股票仓位，跑赢了绝大多数 80% 股票仓位的基金经理；他说自己并不擅长宏观，却能把股债混合产品做好；他在美国生活了 11 年，没有任何国内行业研究员背景，却重仓过好几只大牛股。通过这一次访谈，我更深入了解了林森优异业绩背后的投资体系。

林森是一个对自己很了解的人，知道自己的优缺点后，形成了一套适合自己的框架。他的投资体系是经典的价值成长策略：用合理的价格买优质的成长股（GARP）。他不做赛道远见型投资，因为自认为预测未来的难度远比大家想象的高；他强调买入估值的重要性，因为历史一次次证明，即便是一个好公司，买入估值太高也不会带来收益。

在"不可能三角"中，林森要求的是好公司与好价格，不少他买入的行业在最初并不被市场认可。比如，公开信息能看到他早在 2018 年就重仓了光伏中的隆基股份。当时，正好遇到补贴退坡，市场对光伏产业短期景气度有比较大的质疑。林森拿了不到3 年，赚了 10 倍以上的收益。林森还曾经重仓过一个汽车车灯公司，许多人看不上汽车零部件这个传统行业，林森却看到优秀公司通过汽车电动化与智能化革命，不断提升国产品牌的市场份额。

林森的 GARP 投资策略立足于中期。中期有一个相对明确的持有周期：三年。只要林森认为公司未来三年有一倍的潜在回报，他就愿意去尝试。至于短期行业景气度好坏，他并没有那么在意，如同他重仓隆基股份的时候，不知道哪一年能实现平价上网，但认为三年后大概率能实现。

林森对于市场和投资也有犀利的观点。比如，他认为二级市场基金经理更应该把精力花在研究报表上。公司的财报最能真实反映基本面的状况。管理团队的优劣之分，很难通过见一两次董事长做出精准判断。在林森的投资体系中，他把人的权重设置得很低。

林森在美国生活了 11 年，具有很强的海外对比视角。他谈到一个公司的时候，经常能够把美国相似公司的商业模式讲一遍。这让林森会带有一些"穿越视角"，许多国内公司走的路，海外的公司已经走过一遍了。

投资中总要面对许多压力，而林森的一大优点就是抗压。这源于他曾经在美国做过自营盘的交易员，每一笔交易产生的盈亏都直接和奖金挂钩，还需要做市询价，即便在开着空调的屋子内，每天也会流汗。这段经历塑造了林森强大的抗压能力。

了解自己的优缺点，能更好构建自洽的投资体系

朱昂：我记得你之前在美国学习、工作了很多年。

林森： 我大学主修的是数学，毕业后去美国读书和工作了 11 年，曾经在全球最大的债券投资机构 PIMCO 做垃圾债的投资经理。2015 年离开 PIMCO 加入了易方达基金，2022 年 5 月正式离开。

我管理过很多混合型产品，其中有过去五年所在基金公司业绩数一数二的偏股基金。之前晨星做过一个同类基金（晨星五年期基金积极配置－大盘成长）的数据排名，我的产品五年的年化收益率为 32.24%，最大回撤为 26.82%，属于夏普比率较高的基金。

朱昂：你属于较少的股票和债券都做得很好的基金经理，能否谈谈你的投资理念？

林森： 我是一个把自己看得比较清楚的人。我们基金经理天天研究公司，都是在品头论足——这个公司怎么好或者不好。但做投资，首先要认清自己。

我是一个优缺点很鲜明的人，先说自己的不足：第一，我不太懂宏观。我所有的投资框架都是纯粹自下而上的，不管是在股票上还是在债券上。

第二，对学习壁垒很高的行业，我是非常慎重的。比如我从来没有学过生物制药或者医学，就从来没有投过创新药。我觉得这个行业的投资壁垒是非常高的，一个没有专业背景的人，没有

认知上的竞争优势。2020 年，全市场很多公募基金配了很高的仓位在医药上，但我一个点都没买。

第三，我没有信息优势，所以我也从来不做短线投资。

我的优点也很鲜明：首先，我真的是很纯粹的价值投资者。虽然这几年大家听到价值投资未必有特别正面的反应，但我一直用价值投资的框架，中长期业绩也还可以。

其次，我的抗压能力、心理承受能力比较好。长期来看这一点很重要。每一个基金经理都会经历顺境和逆境，要保持冷静，投资纪律要坚守住，动作不能走形。

最后，我在美国工作的时候，看了很多美股的公司。美国资本市场最大的优点是历史悠久，广度深度都有。美股看多了以后，对世界上很多行业、很多生意的本质会有比较好的认识。对于我来说，研究 A 股的时候，看到一个公司经常可以想到海外的映射，这对于理解国内 A 股公司挺有帮助的。

过去我每年的收益来源都不同，身上没有很强的赛道烙印。2019 年我产品的收益率是 92.19%，我最赚钱的行业是消费电子；2020 年我产品的收益率是 84.36%，我最赚钱的行业是光伏；2021 年我产品的收益率是 27.74%，我最赚钱的行业是汽车零部件。可以看到，我每一年的收益来源都不同，但我不是一个做行业轮动的基金经理。我的投资偏左侧一些，都是提前布局，组合里面通常持有 10 个不同的行业，比较均衡。

我一般买完之后就耐心等待，只要布局的方向中有一两个能跑出来，就很好了。在每一个细分行业中，我都努力去抓住最具Alpha 的个股，这也是我过去几年投资上的特色。

立足于中期的 GARP 投资策略

朱昂：能否再展开谈谈你的投资框架？

林森： 大家经常会把基金经理按照价值和成长进行分类，我认为所有以基本面出发的投资，都归为价值投资。在基本面投资这个大类别中，又有三个不同的小类别。先说两种我自己不太做的小类别。

第一种是低估值投资，我是不太做的。历史上我也买过一些估值便宜的股票，但都是用小仓位去做的。深度价值投资在 A 股的机会不太多，因为 A 股不太容易跌透，一些估值特别低的公司，通常治理上有些问题，容易出现价值陷阱。

第二种是远见型的赛道投资。在这一投资方法上诞生了许多知名的基金经理，但我也不太做。这一类基金经理看好某个行业，觉得未来十年空间非常广阔，就会在这个行业里面去找他觉得最优秀的公司。比较有代表性的是医药、新能源、消费等，都是不少远见型投资者看好的方向。

历史上我基本上没买过这些热门赛道的股票，对我来说，买入的估值是很重要的因素。在买贵的公司之前，我会问自己：假如让我回到 2006 年，告诉当时的我移动互联网是未来最好的赛道、最大的风口，让我去选公司，我会选什么？以我的水平，我可能会选出诺基亚、爱立信这些当时的手机龙头。十几年过去后，再去审视这个事情会发现，赛道的判断没错，但很可能公司选错了。最后，功能手机的龙头在智能机时代被淘汰了，跑出来的是苹果、谷歌、华为这些公司。

　　我经常告诫自己：如果我没有能力预判 10 年以后的行业格局、什么样的公司会成为行业龙头，我有什么资格去买一个现在估值 100 倍 PE 的公司呢？所以 A 股那些高估值的赛道龙头，我没买过，比如电动汽车的电池龙头、半导体的龙头、医疗服务的龙头，因为我不知道这些公司 10 年后会怎样。

　　以上是两种我不太做的基本面投资，我做的是立足中期的价值成长投资，用合理的估值买成长股。本质上我还是买成长股，但是尽量去找一些估值比较合理的成长股。我用几个实际操作过的案例，来更直观地阐述我的投资框架。

　　第一个例子，历史上从净值角度给我赚钱最多的是隆基股份，这是一只十倍股。从我产品的公开数据能看到，我在 2018 年的年中就开始重仓买入。这个公司 2018 年第一次出现在前十大，就是 7% 以上的重仓，之后也一直保持在 7% ～ 10% 之间的仓位，一直到 2021 年中全部卖出。在两年半的时间内，隆基股份的市值从不到 300 亿元涨到了超过 4000 亿元。

　　那么为什么我的 GARP 投资框架能选到隆基股份呢？

　　从认知的角度出发，所有的投资者对光伏和隆基股份的认知都是比较一致的。这个公司是大家公认的行业龙头，我和市场之间并不存在太多的认知差。那么为什么在不到 300 亿元市值的时候，大家不敢买，我却敢重仓呢？背后有几个深层次的原因。

　　首先，2018 年出现了光伏补贴退坡，大家觉得行业短期有困难。其次，许多人过度看重行业，认为光伏行业的商业模式不好。当时光伏还没有实现平价上网，需求完全来自政策补贴，很难预判。在这种情况下，赛道型投资者或许是不愿意参与的，但是对于我这样的 GARP 选手，是可以的。

我的投资框架立足中期，虽然我不确定平价上网实现的具体时间点，但我判断三年之内大概率是可以实现的。我买任何一只股票，都以三年为投资的时间维度。在 2018 年的时候，往后看三年，光伏实现平价上网的确定性很高。一旦平价上网实现了，就能摆脱商业模式上的束缚。

于是，我在 2018 年重仓了隆基股份，但隆基股价真正起飞是在 2020 年，我为此等待了两年时间。

第二个例子，是另一只历史上给我贡献了比较大收益的股票——立讯精密，这可以从公开数据中看出来。这个公司在 2018 年的时候，静态估值只有 20 多倍，对应的静态增速是 40%，市盈率相对盈利增长比率（PEG）是远小于 1 的。

到了 2019 年，立讯精密成为一只大牛股，股价在一年内涨了 3 倍。公司的盈利几乎翻倍，估值又得到了抬升，实现了戴维斯双击。我买的初衷，是认为即便 2019 年保持 40% 的盈利增长，在那个估值下赚一部分利润增长也很划算。

看重好公司 + 好价格

朱昂：从你的投资体系中能感受到，即便是再好的公司，也要用一个好价格去买。

林森：我始终觉得，好公司不等于好股票。我举一个例子，在美国的时候，我研究过一只叫杰克亨利（Jack Henry）的美股。看这个公司 30 年的股价走势图，会发现 2000 ~ 2010 年，公司的股价 10 年没涨，但是公司的业绩非常优秀，每股收益（EPS）复合增速是 21%。这样的增速放在今天的 A 股，应该也是千里挑一的。

那为什么股价 10 年没涨呢？因为 2000 年的时候，公司估值高达 70 多倍 PE。在随后的 10 年中，即便业绩涨了 5 倍，也一直在消化当年的高估值。到了 2010 年，估值回落到十几倍后，股价又开始一飞冲天，实现了戴维斯双击。这个例子经常告诫我，即便是千里挑一的公司，你买贵了，也有可能 10 年赚不到钱。

朱昂：你怎么定义成长？

林森：我定义的成长有五个维度：潜在市场空间、渗透率、市场份额、单价、利润率。我讲一个案例吧。

我曾经买过一个做车灯的公司。从潜在市场空间看，车灯是比较大的，到 2030 年全球预计有 4000 亿个，单价是持续提升的。从渗透率看，国内企业的渗透率不到 5%，全球不到 1%，渗透率有很大的提升空间。在我买的时候，这个公司市值不到 100 亿元。

为什么当时市场买的人比较少呢？因为许多人觉得汽车零部件不是很好的行业。即便我买的这个公司是零部件中比较优秀的公司，估值有 20 倍，但汽车零部件整体估值只有 10 倍左右，横向对比估值上并不显得特别便宜。此外，这个公司市值比较小，许多人觉得流动性太差，没什么意思。

但是对于我这样的 GARP 选手来说，这个公司又是可以下手的。公司的估值和成长性是匹配的，又面对一个量价齐升的成长空间。流动性差一些对于我这样的选手不是问题。我在第一次买入这个公司之后，连续持有了 17 个季度。我不频繁做交易，长期持有不怕流动性的问题。

大部分基金经理看公司，主要从三个角度：行业赛道好不好、公司竞争力强不强、估值是不是便宜。我觉得这是一个不可能三角，最后每个人都有自己的取舍，没有绝对的对错。有些人喜欢好赛道加好公司，我喜欢好公司加好价格。

所以从历史上来看，我选择的公司所属的行业往往在当时是尚未获得大量认可的。光伏也好，汽车零部件也好，至少在我买的时候，大家都觉得这些赛道一般，生意模式不够好。

新能源是拥挤的赛道，"卖水人"确定性更高

朱昂：你在组合构建上为什么采取比较分散的策略？

林森：我是一个价值投资者，看一个公司我喜欢用三年维度。如果一只股票我不愿意持有它三年，就不太会去买。但是我也会思考一个问题，就是怎样照顾投资人的持有感受。投资人买了我的基金，跌两年，第三年再涨，可能投资人受不了。

客户赚到钱最重要的一点是持有体验，而不是单纯地看复合收益率。从持有体验的角度，我愿意某种程度上牺牲一点长期的复合收益率，做分散投资。

从组合的角度，我的组合是比较分散的。从行业的角度，基本上会有 10 个以上的行业，而且我单一最大的行业一般也就是 20 个点左右，行业集中度是比较低的，分散度比较高。看个股的话，我的前十大占 40% 的仓位。我期望通过分散的方式给客户创造更小的波动、更高的夏普比率、更好的持有体验。历史上看，

90% 的情况是能做到的。极端情况——市场泥沙俱下的时候，系统分散是没有意义的。

富达有一个外号"T神"的基金经理乔尔·蒂林哈斯特，写过一本书叫《大钱细思》[⊖]，是我非常崇拜的一位基金经理。他管理的组合 30 多年年化超额收益率有 4%。今天，他管理的产品规模有 320 亿美元，持仓极其分散，组合里面有 890 只股票，这对于大部分 A 股的基金经理是难以想象的。

但"T神"的换手率很低，只有 20% 多，平均一只股票持有 5 年，规模没有限制他的超额收益。"T神"的投资框架给了我很多启发。我可能做不到那么低的换手率，但整体换手率要争取大幅低于市场平均。

朱昂：能否谈谈你对接下来市场的看法？

林森：市场还是有很多机会的。比如，港股我就很看好，未来我可能拿 30% 的组合仓位买港股和中概股。如果算复合收益率的话，我有信心 5 年之后港股大概率能跑赢 A 股，但可能持有体验很糟糕。所以组合中，港股和 A 股三七开，做一个均衡。

港股基本面大家都看得差不多，有一点值得关注：互联网公司在 2022 年虽然收入不够好，但是它们很专注于节流，通过节流每年能节省很多成本，而这些都会反映到利润里面。

A 股的制造业也挺好，2021 年原材料价格涨太多了，2022 年原材料、汇率、运费都在往有利的方向发展。核心点是需求，需要跟踪，如果需求是稳定的，行业机会很大。

⊖ 已由机械工业出版社出版。

光伏和电动车，用我的框架看，目前机会不多。历史上我在光伏上赚过很多钱，这个行业就像其他制造业一样，一直以价换量，通过不断的价格下跌，把量放出来。只有 2020 ～ 2021 年，出现了连续两年的量价齐升，这里面有很多偶然因素。2023 年即便量增加，价格也可能下跌，这样会导致整个行业的利润有可能往大家意想不到的地方变化。在光伏领域，我可能会关注一些新的环节。

电动车 2023 年增速的能见度不高。长期来看，电动车毫无疑问是一个金矿，中国企业在新能源时代，份额大概率会大幅度提升。但问题是十年以后谁会是掘金人？是目前的国产整车品牌，还是"造车新势力"？这是不太好判断的。

但是从供给侧的角度来看，卖铲子和卖矿泉水特别确定。比如车灯、线控制动、座椅的中国民营企业，在燃油车时代，很可能拿不到入场券。电动车时代给了中国民营企业机会。

中国民营企业在各自的领域体现出了很强的竞争力，它们这种卖铲子，或者卖矿泉水的地位，是没有办法撼动的。我的框架里比较喜欢关注看上去或许不够高级，但是本质上护城河比较深、能压成本、快速反应的企业。

朱昂：在买入环节，你是怎么找到这些机会的？

林森：对于我来说找机会不太难。对于一个逆向的投资人来说，当一些公司便宜的时候，市场都知道它们便宜，比如回到买立讯精密的时候，大家都知道立讯精密很好，哪怕 2018 年其他消费电子公司业绩都很差的时候，立讯精密还是能达到预期。

当时买并不是因为我比市场有更深的认知，核心在于我的框架。估值和成长匹配了，甚至估值有点便宜了，我就可以去参与。我相信这个公司是优秀的，只要三年有可能涨一倍，我就愿意尝试。只不过对很多人来说，他们可能要等行业的基本面反转再去参与。这是最大的区别。

朱昂：你不需要等待，只要觉得价格可以就买。

林森：是。还有一点，因为我的风格比较分散，所以我可以容忍在左侧布局。左侧布局并不是说一定会涨，我们买了以后也不知道什么时候会涨，有些运气好的可能买了没多久就开始大涨了。对于左侧布局的人来说，不太需要担心找到拐点。分散度足够高的话，比如我有 50 只股票，我新增加一只，只要足够便宜、未来三年能涨一倍，我随时买进。可能下个月的时候，在我的 50 只股票里面，有一些突然从左侧就变到右侧了。我可以耐心地等待。

过去几年，一些基金经理的组合相对比较集中，公司也比较集中，出现连续两年整体组合净值表现不好的概率明显提升。如果是分散的组合，概率就会低很多，收益分布就会更均匀。

朱昂：但是让你赚大钱的股票，占的仓位都很高，这是怎么实现的？

林森：我希望在每一个行业中都找到最有 Alpha 的公司，赚钱来自选股，并不依赖行业。即便有些行业的景气度不好，我也会配置。

举个例子，2021 年消费电子表现不好，但有个消费电子公司一直是我第一大重仓股。这个公司 2021 年业绩一直超预期。最后

的结果是，我的行业选错了，但依靠个股的 Alpha，至少在 2021
年的消费电子熊市中，没有亏钱。

我的行业是分散的，而且我一般不太会错过估值合理的行业。
我觉得只有选对公司，才能更好地把组合的业绩往上抬。

计算机和军工也是，我 2021 年都有配置，行业赛道都不算
好，但是选到了好的公司，表现都还不错。

不要奢望卖在最高点

朱昂：你的卖出是怎么做的？

林森： 对于我这样的左侧投资人来说，从来不指望卖在最高
点。隆基股份运气不错，基本上卖在比较接近高点的地方，但是
立讯精密我卖完以后马上又涨了一倍。

如果事后复盘，我一点都不惋惜，因为对一个做 GARP 的人
来说，立讯精密这个公司，赚的就是 650 亿～ 2300 亿元市值这段
的钱。我卖完以后，立讯精密马上涨到 4000 亿元了，那个钱我是
赚不到的。

我有很多公司基本上都是在半山腰卖掉的，但是没有关系。
事后想这个问题，只要买得足够便宜，吃的就是大头。从 650 到
2300，三倍，2300 到 4000，一倍都不到。所以对后面那一段，
我是不强求的。

再比如，我对新能源相对谨慎，它们有可能会再涨一段时间，
但是跟我关系不大，我觉得贵了，就不参与。我这种 GARP 投资
体系的人，很容易错过一些市场泡沫化阶段的盈利。

朱昂：但是历史上隆基股份你拿到了 10 倍多的收益才卖掉，不下车也很难。

林森：因为这个公司我当时有一个评估，它的市值空间可能能到 8000 亿～ 10 000 亿元，相当于我有一个锚。有了这个锚以后，2021 年的时候，隆基股份涨到 4000 亿元，按照我的评估测算，2021 年到 2030 年，这 9 年的时间，还有 150% 的涨幅，年化算下来就是 10 个点，对于我来说这个测算结果比较一般，就卖掉了。但是假如当时它的市值是 3000 亿元，那测算下来就有 15 个点，我是愿意配置的。

均衡很重要。比如光伏几乎没有超过 20 个点，那个时候光伏行业里面就是隆基股份和一家逆变器龙头，我会算如果还要配置这个行业，谁的复合收益率能够在 15% 或 20% 以上？隆基股份我愿意持有。

隆基股份一方面我对它的远期空间有比较清晰的认知。另一方面，可能我相对来说运气还不错。我觉得大概率，像隆基股份这样的公司，从 300 亿元涨到 3000 亿元，我是吃到了，3000 亿元到 4000 亿元，随缘。我的认知内有安全边际的时候，我才会持有，如果没有安全边际了，我就不要了。

朱昂：像你前面提到那个做车灯的公司，市值在 100 亿元以下，当时的风气是不看小市值公司，你怎么会关注到这种 100 亿元市值以下的公司？

林森：逆向的人是这样的。大市值的估值修复从 2016 年就开始了，然后 2017 年是很显著的。到了 2019 年，大市值的股票开始明显泡沫化。2019 年以后，我越来越愿意持有小市值股票，甚至去找小标的，因为很多小市值股票是非常便宜的。

在我的框架里面，是没有大小这个因子的，只有成长因子和价值因子，我主要看公司自身估值的性价比，即估值和成长性是否相匹配。

站在今天这个时点，我还蛮兴奋的，大市值的股票，有很多也挺有吸引力的。甚至不少我以前绝对不会看的"白马龙头"标的，已经跌得比较充分了。包括恒生科技里面的一些巨无霸，都出现了估值的吸引力。市场的机会还是很多的。

研究报表比研究人靠谱

朱昂：你说的 2021 年重仓的那个消费电子公司，并不是大家公认最优质公司，你当时为什么会买这个公司？

林森：这和我的投资理念有关系。我尽量不做远见型的投资，尽量避免做过多对人的判断。我的理念是，基金经理更应该研究报表，不应该只研究人。

从报表的角度看，我买的这家消费电子公司很老实。很多消费电子公司在 2017 年疯狂扩产，到了 2018 年报表有一大堆在建工程。由于行情不好，大部分公司的在建工程就不转固定资产了。但是这家公司很老实，该转入就转入，导致 2018 年业绩特别差。

客观来说，可能其他消费电子公司的人有的比这家公司的更优秀，但应该给优秀的人多少权重呢？在我的投资框架中，这个权重是很低的。我反复告诉自己，对人的判断是可能出错的。我觉得投二级市场，看报表是比较好的，数字不太容易骗人。

朱昂：你在美国工作的时候，有什么事情对你影响比较深？

林森：好的投资经理不会放过任何一个小的、为自己的持有人赚钱的机会。可能会有一些投资经理觉得，某个公司是不是市值太小了，我管的组合规模很大，如果花精力在这个上面，可能会划不来。

我发现美国有些基金经理不是这样的，假设有一个相对来说确定性比较高的机会，能够给持有人赚钱，他们会去参与。换手率没有那么高，这个事情本身不折腾人。因为有些小市值股票的增速高，能帮助稳定超越指数，在美国有些投资经理就愿意去配置，买了以后长期持有，除非这个公司突然泡沫化，否则就会长期陪伴。

做投资不能眼高手低，如果有小的机会，只要确定性足够高，就应该去抓住。只要我们的时间能够帮助客户赚钱，就不应该浪费这样的机会。

热爱是最好的学习良方

朱昂：你有什么抗压的方式？

林森：我可能是习惯压力的。我在美国刚入行的时候做过自营交易员，损益表直接挂钩奖金，在日内交易的时候还要给市场不断询价，犯一个错误会直接让公司损失很多钱，那种压力真的是巨大的。

虽然美国人习惯把空调开得很低，但我那时候还是一边上班一边往下淌汗。现在做基金经理以后，有时候压力也会比较大，晚上跑个步，可能会释放一下，还挺好的。

朱昂：你在投资的过程中，有没有特别不顺的时候呢？那个时候你是怎么度过的？

林森：有。投资经历长的人会有这样的优势：在不顺的时候，过往的经验会给自己多少带来一点信心。我不顺的时候，会找一些志同道合的朋友和同行聊一聊，大家互相安慰。习惯了以后，也会告诉自己，假以时日肯定会回来的。这个信心还是会越来越强的。

朱昂：你没有国内的行业研究员背景，回国之后是怎么积累对公司的认知的？

林森：最重要的是，要对投资有兴趣，兴趣会让一个人快速积累对公司的认知。我记得美国富达在招聘研究员时，会问 5 只股票的代码。这里面有大家耳熟能详的大公司，也有不少冷门的小公司。那么这道题的考点是什么呢？就是看一个人对投资有没有兴趣。有兴趣的人自然知道更多的股票代码。

A 股值得投资的股票池，往大了说 800 家，往小了说也有200 家。一个中型基金公司的股票池可能有 400 ～ 500 家。假设每周持续学习 5 ～ 10 家，其实一年多就能过一遍。

投资理念与观点

▶ 深度价值投资在 A 股的机会不太多，因为 A 股不太容易跌透，一些估值特别低的公司，通常治理上有些问题，容易出现价值陷阱。

▶ 我买任何一只股票，都以三年为投资的时间维度。

▶ 大部分基金经理看公司，主要从三个角度：行业赛道好不好、公司竞争力强不强、估值是不是便宜。我觉得这是一个不可能三角，最后每个人都有自己的取舍，没有绝对的对错。有些人喜欢好赛道加好公司，我喜欢好公司加好价格。

▶ 电动车毫无疑问是一个金矿，中国企业在新能源时代，份额大概率会大幅度提升。但问题是十年以后谁会是掘金人？是目前的国产整车品牌，还是"造车新势力"？这是不太好判断的。

▶ 我希望在每一个行业中都找到最有 Alpha 的公司，赚钱来自选股，并不依赖行业。即便有些行业的景气度不好，我也会配置。

▶ 在我的框架里面，是没有大小这个因子的，只有成长因子和价值因子，我主要看公司自身估值的性价比，即估值和成长性是否相匹配。

▶ 我觉得投二级市场，看报表是比较好的，数字不太容易骗人。

▶ 做投资不能眼高手低，如果有小的机会，只要确定性足够高，就应该去抓住。

第 12 章

孤独前行的价值投资者

访谈对象：谭丽

访谈时间：2020 年 10 月 26 日

谭丽是一位极具个性的女性基金经理。她非常直接，毫不掩饰自己的情绪。以至于访谈谭丽之前，他们公司好几个同事特地来"关照"我，让我好好准备，生怕有些问题不够专业让谭丽反感。

访谈的当天还有一个小插曲，谭丽的公司找了一个摄像团队，会抓拍我们访谈过程中的一些镜头剪成视频。通常来说，只要有镜头在旁边，就会影响整个访谈的效果。基金经理会天然觉得访谈处于被录制的过程，整个表达就会变得更加"书面"和官方，缺少了原汁原味的表达。

有趣的是，谭丽在整个过程中完全没有在意镜头，甚至说看到高估值的股票还在涨，她甚至上班就想把电脑关了。这个访谈发生的时候，恰巧是 2020 年四季度。这一年市场的强趋势特征很明显，优秀的好公司估值越来越高，显然会给谭丽偏价值的投资风格带来一些挑战。

说到投资风格，谭丽一直在坚持反人性的价值策略，许多收益来自对市场的对抗。她有一个底层的想法：世界是不可预测的，华丽的十倍股并不容易找到，投资必须通过审慎的研究和安全边际来应对不确定性。

谭丽的投资框架在深度价值和价值成长之间。她认为目前 A股大部分时间很难找到绝对低估的品种，价值投资的收益更多看的是公司自身成长，因而价值投资就是要找到有价值的高质量公司。此外，高 ROE、ROE 的可持续性和低估值是一个不可能三角，基金经理最终必须在价值和质量上进行取舍。这个取舍并非选择价值不要质量，也不是选择质量不要价值，而是找到两者的平衡。

价值投资的有效，是因为经常无效。作为一个纯粹的价值投资者，谭丽把投资作为自己终身热爱的事业，而不是一份职业。因此她认为一定要用自己真正相信的方式做投资。尽管过去几年价值投资表现并不是很好，但也恰恰说明为什么价值投资可以成为持续有效的方法论。

谭丽身上有着价值投资者的共性：不从众，决策独立，看问题审慎，相信不确定性胜过确定性。即便过去几年价值策略在 A股表现不佳，她依然坚持这种投资框架。

价值投资本质的区别是能力圈

朱昂：能否谈谈你的投资框架？

谭丽： 按照经典理论划分，市场上的投资风格主要分为三类：价值、成长、趋势。

在 A 股市场，价值成长风格和成长风格的边界非常模糊，但是价值风格和成长风格之间的边界是较清晰的。价值风格的基金经理普遍强调安全边际，理解"市场先生"理论；而成长风格的基金经理普遍强调梦想，追求十倍股。这就是两者的区别。

我基于基本面投资，希望赚到企业自身创造价值的钱，而不是竞争对手的钱，希望既要有成长，也要有价值。没有成长就无法维持比较高的 ROE 水平，但是也要有安全边际，因为一切都是不确定的。这也是为什么我很反对"漂亮 50"和"科技泡沫"的原因。做投资组合是概率性事件，梦想是低概率的，所以安全边际是大前提。

具体到选股层面，到底是安全边际更重要，还是成长性更重要，就要看具体情况了，这里面会对价值有更详细的分类，有左端的深度价值，逐渐向右会在价值的基础上兼具质量，但是没有一个定量的精确指标来定义到底到什么程度才是深度价值。即便全是价值风格，买的股票也会不一样，这里的本质区别是能力圈，也就是对个股定价的把握程度，如果把握程度不够，就只能借助价格来约束，如果对个股理解很深刻，就可以适当放开硬性指标的束缚。

我自己在整个价值维度上都可以操作，但是 A 股市场深度价值机会比较少，我会更多兼顾企业质量，所以最终结果显示我会偏右一点。这不代表我的方法只有这一种，只是在 A 股更适合用这种方法。因为 A 股对于质量不够好的公司，估值折价是不够的，反而在港股市场上就可以做一些深度价值投资。例如，我曾经持有一家非常优秀的车企，它一度跌到 0.5 倍 PB，但在 A 股就很难找到这样便宜的机会，所以要结合市场环境来选择合适的投资风格。

用安全边际应对不可预测的未来

朱昂：你提到的安全边际可以理解为企业质量和价格的结合体，并非只是价格便宜这一点，对吗？

谭丽：是的。其实每个人都在衡量性价比，成长风格的人也一样，只不过他们对估值的容忍度更高，因为他们看到的未来比我看到的更美好，而我这种偏价值风格的人在高度怀疑未来是否真的这么美好。

我认为未来充满不确定性，我对市场十分敬畏，在诸多不确定性面前，要追求更大的确定性，首先要保证不败，就是"胜而求其战"。投资是概率事件，我尽量去寻找确定性强一些的品种，哪怕收益率低一点也可以接受。或者确定性不强，但因为价格很便宜，向下的风险不大，向上的空间有好几倍，提供了比较好的赔率。

我做投资，一定要找到胜率和赔率比较划算的公司，构成风险收益比较高的组合，而不是全部押在几只股票上。

未来是非常不确定的。海外的价值投资大师，包括霍华德·马克斯、约翰·邓普顿、约翰·聂夫等，都有这种投资世界观。当然，价值投资的鼻祖是本杰明·格雷厄姆，这种世界观是一脉相承下来的。

高 ROE、ROE 可持续性、低估值是不可能三角

朱昂：企业的经营有周期性，怎么判断 ROE 的可持续性？

谭丽：ROE 来自两部分，一部分是盈利模式，也就是轻资产、重资产以及能承受的杠杆水平；另一部分是竞争格局。这两部分构成了企业的护城河，护城河能保护企业的 ROE 水平在波动状态下持续处在高水平。但 ROE 不是越高越好，持续的高 ROE 并不安全，也要和价格相匹配才可以。

我认为任何事情都是高度不确定的，这背后隐含的是任何事情都是周期性的，不论是行业，还是企业。投资看的是企业所处的经营周期位置，我认为比较好的投资状态是行业周期、企业经营周期的 ROE 水平都处于低于中枢的相对底部。ROE 很高、ROE 持续性强、公司估值很低，这几乎是一个不可能三角，我们总要在三者之间不断权衡。

ROE 要和现金流匹配。有一类价值股表面上看 ROE 比较高，估值和 PE、PB 都很低，但是经营性现金流非常不好，这意味着没有股息。本质上，现金流的好坏对应企业商业模式的优劣。现金流不好的企业，大部分也不是好生意。

朱昂：你是用动态的眼光买便宜的公司吗？

谭丽：静态的我也会关注，只是强周期的品种不能太静态，

强周期的品种要在 ROE 很低的时候买。但也有周期性没有那么强、相对稳定、商业模式比较轻的资产，这类资产最好的买入时点是它处于低点位置的时候。

价值策略的有效，来自反人性

朱昂：全球来看，现在整个低估值策略都在承压，市场给了高 ROE 公司很高的溢价，这对您有挑战吗？

谭丽：其实还好，价值策略之所以有效，就是因为它经常无效。一个策略被广泛性接受的时候基本就是它失效的时候。价值投资之所以不能被所有人接受就是因为它是违逆人性的。有些人很容易接受价值投资理念，有些人怎么讲都接受不了。从人性上看，大部分人都喜欢一夜暴富，追求一只股票赚几倍的投资机会，也希望买了股票后听到的都是好消息。正是因为价值投资反人性，才决定了这个投资方法的长期有效性。

价值投资需要长期资金，短期的排名机制是不利于做价值投资的。眼下，市场上存在一些相对短视的个人投资者，只看过去一年基金收益有没有翻倍，不太关注高收益产品在熊市的回撤是多少。

越是专业的投资人，越能理解价值投资的长期复利效应。我们能做到的，就是给持有人比较好的复合收益率。比如在 2018 年熊市中，我的跌幅就很小，拉长时间看，抗跌能带来比较好的复合收益率。

所以，价值投资需要长期资金，也需要更加专业的基金评价。

比如经典的夏普比率被用来衡量一只基金的风险收益特征，但是大部分个人投资者并不了解什么是夏普比率。大家大概率会觉得，涨了 70% 的产品就是要比涨了 30% 的产品好。

朱昂：投资真正吸引你的地方是什么？

谭丽：跟市场对抗，最终胜利，这种成就感很吸引我。价值投资者就像苦行僧，承受痛苦对抗市场，最终得到回报。

我很多股票都是这样的。2018 年买过一家食品饮料公司，当时没有人看好。那时它的市值只有 80 多亿元，我买了这家公司总股本的 6% 以上，2019 年初猪瘟暴发，市场普遍对这家公司不看好。后来，这家公司市值涨到 400 多亿元，我也获得了很大的胜利。

我还买过一只港股汽车行业的股票，当时卖方研究员给出的目标价是 2 元，我是 5 元买的。买后天天跌，我承受了很大的压力，每次跌多了我就加仓。今天，这家公司的股价已经涨到了 13 元以上，有 1.5 倍的 PB，而且涨势大概率没有结束。我认为在这只股票上也会获得比较好的回报。

朱昂：价值投资是反人性的，您怎么在人性上匹配这种风格？

谭丽：一个投资者选择某种投资风格，代表他的性格就是这样的。反人性只是反大众的人性，投资风格和个人性格是高度关联的。

虽然人人都有贪婪和恐惧，但每个人的程度是不同的，真正践行价值风格的人，性格天然和这种投资方法匹配，让他去做高估值成长股投资才是逆他的人性。我的性格和价值投资这种方法比较匹配，对我来说并不反人性，倒是让我去买一个 100 倍市盈率的品种，我说什么都做不到。

我最近在重新看价值投资大师约翰·聂夫的书。他天生对很多事情较真，不喜欢跟随大众的想法，别人说的事情，他都要验证之后才能接受。在他的投资组合中，很少看到大众耳熟能详的股票。

约翰·聂夫把股票分为四类：第一类是高知名度成长股，这是他绝对不碰的；第二类是低知名度成长股，这是他最喜欢的；第三类是温和成长股，就是公共事业这类，成长的成分非常少；第四类是周期成长股。按照他的分法，后三类都有"成长"二字。成长当然非常重要，总要有成长来维持资本回报，如果没有成长那 ROE 怎么办，没有成长就变成纯债券了。我和他有点像，都不太喜欢高知名度成长股。

用绝对收益眼光选股，实现回撤控制的效果

朱昂：你说过收益的来源并不在于某一年赚多少，而是控制好回撤，你的产品回撤控制得很好。

谭丽：其实我没有主动控制回撤，结果看起来还不错是因为我买每一只股票都是从绝对收益的角度出发的，如果出发点是做相对收益，追逐短期 Beta，那组合就不可避免会出现很大波动。

我做绝对收益，判断更多的是收益空间，无法对获得收益的时间进行判断。有可能半年就实现，也有可能要一两年。有的股票会在某些阶段表现超预期，有的股票短期会低于预期。原则上，

只要大逻辑没有变，我就会一直持有，如果超预期太多就换成还在底部没有表现的股票，如果跌了应该加仓。遵循这个逻辑管理组合，组合的波动就会逐步降低，除非遇到 2018 年那种大熊市，否则不太会有大波动。我的组合中行业非常分散，个股很集中，自然对冲掉了板块的 Beta，所以组合的夏普比率曲线很好看，并且能够把个股选择的 Alpha 保留下来。

朱昂：你怎么构建不同行业的能力圈？

谭丽：这是时间积累的过程，即便我现在行业分散，也没有涉及所有行业，毕竟精力有限。能力圈的拓展是主动加被动的过程，既要主动学习探索，也要接受我们无法理解所有行业和公司的事实。对于自己理解力的成长，最好不要过于勉强。

我覆盖的公司并不多，基本一个行业就一两只核心股票。我是通过理解公司来理解行业的，真正理解了行业之后能帮助我理解更多的公司，这是一个循环往复的过程。

朱昂：你的组合有没有对估值水平刻意限定？

谭丽：呈现出来的估值水平更多的是自下而上构建组合的结果，我内心对每只个股都有一个估值的锚，这是结合自由现金流折现给出的合理估值范围。我会在估值合理的股票中进行第一步的筛选。有些贵得很离谱的股票，我一开始就会放弃。

我的筛选全部是自己和团队自下而上的研究，属于人工的筛选方式。市场上也有人用量化工具辅助筛选，可以节省一些时间和精力。由于持股非常集中，我认为不同的人对于公司价值的理解不一样，大家给予公司的估值水平不同，人工筛选的方式更适合我这一套投资体系。此外，人工筛选和研究的过程，也是一个认知提升的过程，对个人的成长会更有帮助。

朱昂：你现在的方法是在做时间的朋友，时间越长投资能力就越强。

谭丽：这其实是个慢过程，只要方向正确，即使慢也可以进步很快。看公司的眼光、成功的概率都会随着时间的推进得到提升，但是到了比较高的水平再往上的难度就会不断加大，我现在还处在第一个阶段，进步也比较快。

朱昂：市场上股票数量越来越多，你筛选股票的过程是怎样的？

谭丽：这也是我一直在思考的问题，我到底是怎么得到投资线索的。我觉得归根究底，是我在一个很好的平台上，我的团队每天都能发现很多有效信息，卖方研究员和买方研究员也会发研究成果过来。我至今还保持着每天看所有公告的习惯。我会用自己的判断标准筛掉"噪声"，留下对我们有用的信息，这些会成为我的线索库，我会将有用的线索挑拣出来纳入自己的体系。

选择价值策略是因为真正相信

朱昂：你很看重风险，投资中怎么规避和降低风险？

谭丽：我主要的精力还是放在选股上。我认为有硬伤的公司，不管多么便宜都要筛掉。总体来讲，我还是非常审慎的，虽然不能保证百分百规避风险，但是要犯大错是很难的，至少至今为止还没有过。

另外，我做过很多年港股投资，培养了我谨慎的投资风格。相对来讲，A 股市场的犯错成本比港股更小，有充足的流动性支撑投资者犯错。也正是因为犯错成本低，所以 A 股市场投资者的风险偏好很高。至少从短期来看，冒险在 A 股的风险收益比还不错，并没有对买错公司有很强的惩罚机制。

而港股就不会有这个机会。我把港股的投资经验经过适度调整应用到 A 股市场的投资中来，如果长期来看 A 股会港股化，我的方法就更有前瞻性了。

朱昂：你这套体系的投资框架是怎么建立的？

谭丽：有些人理解这个体系，从刚开始做研究、接触到投资，就相信、认同这个体系。有些人接触很久，也始终不相信。对于价值投资的选择，很大一部分是天生的。

很多人并没有认真思考过投资框架这个问题，大多数人把投资作为一份工作，无关乎世界观、价值观、信仰，也无关乎方法论，更不会严格界定哪些是自己能做的，哪些是绝对不碰的，真正有信仰有认知的人是很少的，这和机制有关，但最终还是和个人性格有关。

我本身热爱投资，喜欢研究公司，而且要按照自己的方法来做。我相信自己的方法是可行的，至于市场能不能容得下这种方法，我其实没有那么在意。我并不是把投资作为一份职业，并不是用一种"商业模式"来管理客户的产品，我是把投资作为真正热爱的事业，用自己内心真正相信的正确的方法来做。

每年给投资人的一封信我都很用心在写，真心希望投资人看到我们在认真做这件事情，做这个产品，希望我们之间的信任能够持续下去。

作为价值投资者，我管理的规模并没有那么大。有时候我也会想，自己的这套方法是不是可以管理更大规模的产品，当然我的管理规模也是目前市场资源分配后的一个结果。最纯粹的价值投资者只追求内部记分牌，不追求外部记分牌。

享受通过对抗市场获得的胜利

朱昂：在你的投资生涯当中，有什么飞跃点或者突变点？

谭丽： 做投资前后的变化还是挺大的，同一套理念，真正上了战场才知道动作是怎样的。

真正的进步还是在这两年，市场环境逼着我用自己的方法在别人的战场获得胜利。我基本跟上了市场的脚步，但这个过程很痛苦，要找到自己能接受、市场也能接受的股票，来帮我抵抗短期的压力。幸运的是我选到了一些这样的品种，同时组合中也有一些我接受但市场不接受的品种，并且占比不低，所以在成长股调整的阶段，我的产品收益还是很好的。

朱昂：如果你不做投资，会去做什么？

谭丽： 读书和投资是我想要的生活方式。开玩笑地说，我或许会去做图书编辑。上午做投资，管理自己的钱，下午做图书内容策划，做一些社科、财经的选题，或者做一些国外的图书。

朱昂：有哪些对你影响比较大的图书吗？

谭丽： 每次读一些价值投资大师的书都对我有帮助，形成潜移默化的改变。我常读霍华德·马克斯、约翰·聂夫以及约翰·邓普顿的书。从纯粹理论的角度出发，霍华德·马克斯的书更成体系。

投资理念与观点

▶ 价值风格的基金经理普遍强调安全边际，理解"市场先生"理论；而成长风格的基金经理普遍强调梦想，追求十倍股。这就是两者的区别。

▶ 我认为未来充满不确定性，我对市场十分敬畏，在诸多不确定性面前，要追求更大的确定性，首先要保证不败，就是"胜而求其战"。

▶ ROE 不是越高越好，持续的高 ROE 并不安全，也要和价格相匹配才可以。

▶ 我的组合中行业非常分散，个股很集中，自然对冲掉了板块的 Beta，所以组合的夏普比率曲线很好看，并且能够把个股选择的 Alpha 保留下来。

▶ 能力圈的拓展是主动加被动的过程，既要主动学习探索，也要接受我们无法理解所有行业和公司的事实。

第 13 章

绝对收益目标下的投资

访谈对象：叶松

访谈时间：2021 年 3 月 1 日

"面对点球的守门员和投资者的共同点是什么？答案是两者都倾向于采取行动。在面对点球的时候，94% 的守门员会选择扑向一个方向，但从统计数据的角度看，待在球门线中央反而是更加明智的选择。

投资者也有类似的情况，他们倾向于在市场波动中不断挥棒。而巴菲特很早就说过，投资者基本可以简单地站在本垒上看着投球从他身边经过，等待自己的甜蜜点到来，从而一击即中。"

2019 年的时候，我曾经和叶松所在的基金公司一起翻译了一本书。上面这段内容，就来自叶松翻译的一个章节"投资应该是枯燥的"。有趣的是，他当时翻译了两个章节，另一个章节是"投资应该是灰白色的"。这两个章节的内容恰好和叶松的投资特点相似。

叶松的投资框架、持仓的股票、投资的动作，都看似枯燥无趣，却能在一个比较长的时间内给大家带来绝对收益。

我认识叶松有十几年了。2009 年入行做销售的时候，就覆盖了叶松所在的基金公司。这么多年来，他一直在自己入行的这家基金公司工作。叶松的职业生涯和他做投资一样，没有太多的动作。看似枯燥无聊，却不断做着复利的积累。

叶松在底层的世界观中，相信均值回归和马太效应，这两点看似矛盾却又自洽。均值回归从行业层面的角度出发，任何一个行业、一个公司的高景气，都会出现均值回归。落实到投资上，叶松偏好在一个行业景气底部的位置去买。这个时候，估值大概率不会再往下收缩，而且景气度可能出现底部回升。

好公司可以越来越好，优势可以越来越大，这就是马太效应。落实到投资，叶松很看重公司的护城河。优秀公司的护城河会变得越来越宽，强大的护城河也会成为公司持续成长的安全保障。

在叶松管理的基金组合中可以看到大量类似的公司，这些公司在行业周期低点的 ROE 要比上一轮行业低点更高。他曾经研究过白酒，发现由于竞争格局的优化，即便白酒行业没有很高的景气度，白酒行业中的龙头公司仍能保持更好的盈利。此后，他越来越看重竞争格局出现改善的行业。

企业的护城河更多在行业低迷期发挥作用

朱昂：你是如何看待投资的？

叶松：投资就是通过寻找给社会创造价值的企业，并且伴随企业成长，最终分享到成长的果实。同时，还需要遵循社会公认的价值映射体系。有些企业确实创造了很大的价值，但这些价值并不能被清晰界定，具有很强的外部性。从而无法将这些价值完整地映射到资本市场上，因此并不是特别好的投资标的。我们关注的价值应该是能够被资本市场充分定价的。

我相信投资应该遵循自己长久以来积累的投资体系，在实现投资收益不断提升的同时，个人价值也随之提升。

朱昂：谈谈你的投资体系。

叶松：一个人的投资体系必须自洽，符合自己的性格和世界观。性格决定了一个基金经理采用什么样的方法，世界观决定了一个基金经理赚到什么样的钱，任何一套投资框架，都建立在所信奉的底层逻辑上。

我是一个比较谨慎的人，相信的世界观是自然界围绕均值回归和马太效应两个规律来运行。落实到投资体系，可以用一句话总结：希望赚企业成长和估值适度提升的钱。

落实到行业选择上，我会更聚焦在进入了成熟期的价值成长类行业。这些行业通常经历了多轮的周期洗礼，虽然行业整体增速不快，但是竞争格局比较好。由于行业自身会有周期性的景气波动，可以在景气度较差的时候买具有竞争壁垒的企业。竞争壁垒形成的安全边际使得我们不用太担心企业会在行业景气底部被出清。通过在景气底部拥抱一定的风险，就能大概率赚到企业成长和估值适度提升的钱。

大家谈论投资都会提到护城河或者竞争壁垒。我认为护城河的最大价值是体现在行业景气底部的，当市场整体比较差的时候，企业的护城河能够提供保护。如果一个企业没有强大的护城河，大概率不适合做逆向投资。

另一点比较重要的是，这些处在成熟阶段并且有竞争壁垒的企业，由于已经完成了好几轮的周期洗礼，所呈现的估值是比较稳定的。即便流动性宽松会对整体估值产生一些影响，但对于这些企业来说不会太离谱。

当估值体系有一个稳定的锚之后，投资策略的可复制性就会比较强。对于一些高成长行业，如果对于商业模式没有深刻的理解，就无法理解估值的锚。缺少锚定效应后，要持续赚钱就会变得比较难。我更倾向于在一些低难度的行业中进行投资。

朱昂：你喜欢在估值体系比较稳定的行业中寻找投资机会。

叶松：我倾向于做一些低难度投资，不要选那些难度太高的行业，也可能有些投资机会并不在能力圈和投资框架之内。我偏好商业模式比较容易识别：估值体系比较稳定的行业，产业空间要比较大，并且依然处在一个稳定成长的阶段。我相对看好部分制造业的企业，还有一些材料类的企业。这些产业或多或少受益于工程师红利，大多数处在比较好的产业发展阶段。

逆向投资需要理解位置感

朱昂：你的投资框架中带有一些逆向投资的特点，谈谈背后的原因。

叶松：前面提到过，我骨子里是相信均值回归的，投资框架必须符合内心相信的东西。我认为均值回归是符合世界运行的规律，无论是朝代的更替、全球强盛大国的更替还是中国古话中的"分久必合，合久必分"，都来自均值回归。均值回归是世界运行的底层规律，所以我相信周期的轮回。

朱昂：逆向投资的风险是，如果看错了或者买得太左侧，会非常痛苦。你如何避免逆向投资中的风险？

叶松：我做逆向投资的时候，对于位置感的要求很高。我会对不同行业的景气度位置和估值区间进行划分，形成一个大的矩阵，从中了解不同行业的景气度和估值位置。

做投资还必须考虑资金属性。由于公募基金申购、赎回比较方便，因此不能把组合做得过于逆向。我基本上会在偏左侧的时候先开仓，但是要确认公司渡过底部后才会增加仓位。我宁愿牺牲一部分收益，来换取更多的确定性。当然，我的投资框架对估值也有一定要求，基本上不太喜欢右侧去追，赚趋势的钱。在估值大幅脱离我所能理解的范畴时，我基本上就会放弃这笔投资。

投资最终就是要找到一个平衡，实现左侧逆向和右侧趋势的平衡。

朱昂：你认为 DCF 估值更科学，影响 DCF 的因素是 ROIC、WACC、增长率等，分别谈谈这些变量在你估值体系的影响。

叶松：DCF 是一种更加科学的估值体系，其中 ROIC 决定了相同利润水平下，企业获取自由现金流的能力，ROIC 高的企业实现比较强劲的自由现金流的概率更高，从而再通过 DCF 模型推导回来，就能获得更高的估值。我并不用量化的 DCF 模型对企业进行估值，而是把 DCF 作为对企业估值的思维方式。

不同行业通过 DCF 思维推导，能够看到各自的差异，从而决定了估值体系的不同。两个公司同样都是 30% 的增长，但是由于 ROIC、商业模式、行业空间不同，最终两者的估值是不一样的。比如房地产和消费品，即便有同样的业绩增速，对应的估值也是不同的。

超额收益来自买入景气底部的优质龙头

朱昂：你是少数看重资产配置的基金经理，谈谈是如何做资产配置的？

叶松：以我管理的产品为例，这是一个追求绝对收益目标的产品，非常看重持有人的体验。在这个产品上，我会做两层的资产配置。

第一层资产配置来自组合的结构变化。我是比较信奉结构主义的，任何宏观变化都来自结构的变化，也就是所说的从量变到质变。除了要对宏观经济进行判断，还要通过微观的观察发现周期所处的位置。如果符合框架的股票数量多，仓位自然就高一些；

如果符合框架的股票数量少，仓位自然就低一些。这是用自下而上的视角辅助进行资产配置。

第二层资产配置来自内部的风险溢价模型，也就是通过股票和债券的性价比，来规避极端的市场震荡。我是2007年入行的，在从业那么长的时间中，A股市场真正大幅调整只有三次。当模型指示极值点时，我会多维度多元地评估。绝大多数情况下，我避免过多做仓位的择时。选股是一个概率事件，仓位择时也是概率事件，如果频率过高，两个概率相乘就会变成一个很低的概率。

在组合管理中，我会做一些行业分散，单一行业不会占组合比重特别高。组合中，许多公司的商业模式有差异，所处行业周期也各自分散。

朱昂：你管理的产品过去两年取得不错的收益，超额收益的主要来源是什么？

叶松： 超额收益主要来自买入并持有一些处在行业景气底部的优质公司，在这些公司的行业景气度出现回归时，赚到了戴维斯双击的钱。无论是玻璃、造纸，还是化工，我都在行业的周期底部买入过一些龙头公司。

对这些公司的投资有不少类似的地方。我通常会去观察这些周期品的价格变化，基本上每隔几年都会出现一个完整的从价格底部到顶部的过程。在一轮价格底部，我会和上一轮价格底部做比较，主要观察两个指标：第一，周期品之间的价格对比，理解这个行业是否在景气最底部；第二，龙头公司的 ROE 和上一轮 ROE 低点对比，理解公司的竞争力是否在变强。

过去几年投了好几个公司，都是在价格底部的时候，ROE 比上一轮价格底部有明显的抬升。之后再做深度研究的时候，就会发现要么公司的竞争力确实比过去更强大了，比如成本曲线做到了行业最低，要么行业的供需结构比之前出现明显改善。

我对于在行业景气底部 ROE 还能持续提升的公司会格外重视。

朱昂：你的投资组合中有不少这种具有周期属性的公司。

叶松：我确实相对看好这类公司。对于一些周期性行业，我会去做供给端和需求端的判断，有些公司的需求端在改善，而供给端在出清。这些公司由于处在市场研究不太足够的周期性行业，估值通常很低。买的时候，即便不算价格弹性也很便宜。一旦价格出现上涨，公司能够给到的风险收益比就很好。

还有一些公司，需求变化不大，但是供给端出现了比较大的改善，从好几家公司竞争变成了寡头垄断，有点类似于当年白电行业的模式。只要需求保持稳定提升，供给在出清后就能给具有护城河的公司更强的盈利能力。

朱昂：你组合中有不少市值偏小的公司，现在市场是"以大为美"，为什么会买小市值公司？

叶松：最关键的原因是估值。许多大市值龙头我也认同其质地的优秀以及伟大的前景，但是估值区间太高很难接受；许多中小市值公司，也具备一定的价值。中国幅员辽阔，区域发展不均衡，经济结构非常多元，这也决定了很多行业的发展阶段并不同步。许多中小市值公司是各个行业的隐性冠军，虽然市值不大，但都是行业的龙头。

可能对于许多规模很大的基金，研究中小市值公司的经济性相对不高，对净值的贡献相对较小。我会研究挖掘市值没那么大的公司，由于行业往头部集中的趋势，对于中小市值价值的发掘过程可能会被拉长。

注重绝对收益，给持有人更好的体验

朱昂：在你的投资生涯中，有什么飞跃点或者突变点吗？

叶松： 投资框架一直是处在渐变的过程中，如果说有什么突变点，可能 2015 ～ 2016 年对我投资框架的影响比较大。

我是 2007 年入行的，当时由于经济增长很快，A 股基本上都是高成长行业，包括金融、地产，进入成熟期的行业很少。2013年之后，出现了移动互联网的大普及，高成长性行业继续主导市场。一直到 2015 ～ 2016 年风格才有所转变。这是因为经济增长的波动降低了，2016 年之后 GDP 基本上处在一个比较稳定的状态，导致越来越多的行业进入了竞争格局稳定的阶段，结构变化在发挥越来越大的作用。

另一个对我触动比较大的是白酒的估值变化。我之前做过白酒行业研究员，正好赶上了 2009 ～ 2011 年白酒的一轮周期向上，对白酒的推荐也比较成功。当时白酒给我很深的周期性烙印，一些高端白酒企业最低估值能到 10 倍以下。所以在很长一段时间中，我把白酒作为一个周期性比较强的行业来看待。而过去几年，通过竞争格局的改善，白酒的龙头企业都在扩张市场份额，行业虽然没有那么景气，但是优质企业的业绩确实很好。

这个事情让我意识到竞争格局的变化在投资中带来的巨大好处。我开始不断观察其他行业的竞争格局变化，之后也确实在一些周期性行业找到了竞争格局改善带来的投资机会。

朱昂：你平时喜欢读谁的书，能否给大家推荐一位作者？

叶松：我推荐耶鲁大学经济学教授罗伯特·希勒。张磊给他的书写过序，其中提到："叙事"一词的含义不止于故事或者讲述，归根结底，叙事是历史、文化、时代精神以及个体选择相结合的载体，甚至是一种集体共情。某种程度上，它是在解释或说明一个社会、一个时期的重要公共信念，而信念一旦形成，将潜移默化或者直接影响每个人的经济行为。

正是这些特性，叙事传播成为一个非常重要的经济变化机制和关键预测变量。诸如对市场下跌的恐慌、对未来经济增长的信心、对技术替代的批判以及投资的情绪波动等，这些长期的、变化的叙事载体，无论是对消费者、企业家、投资人，还是对决策者，都将产生非常重要的影响。叙事经济学以参与者而不是旁观者的视角，将时代中的重要事件作为背景，将人们复杂变化的信念作为研究核心，将事实背后的深层社会心理因素、情感因素，纳入可感知的范畴。理解了叙事，就有可能理解普遍的价值认同，从而获得真正理解经济运行机制的能力。

在次贷危机的时候，当时的叙事逻辑是房价不会跌，银行大而不倒，从而对次贷危机发生的过程形成了一个很强的反馈，成为当时美国的公共信念，最后的结果我们也已经知道了。

在今天的 A 股市场，长期主义形成了一个很强的叙事逻辑。当然，长期主义确实符合社会发展的主旋律，也形成了一个公共信念、一种市场反馈。最后会演变成一个什么样的状态，可能需要去做一些判断。我比较认同张磊说的，叙事在解释公共信念，信念一旦形成，会潜移默化影响大众行为。

朱昂：你的底层世界观是，马太效应和均值回归是世界运行的规律，两者是否矛盾？

叶松：两者对应的周期不同，彼此相互交织。均值回归对应大的周期波动，而马太效应对应一个周期中的结构变化。总量一定会周期运动，其中的结构也会不断发生变化。在结构变化的中后段，就是马太效应最强的时候。所以说均值回归和马太效应之间并不矛盾，均值回归对应行业周期，马太效应对应行业周期中的结构。

投资理念与观点

▶ 投资就是通过寻找给社会创造价值的企业，并且伴随企业成长，最终分享到成长的果实。

▶ 我认为护城河的最大价值是体现在行业景气底部的，当市场整体比较差的时候，企业的护城河能够提供保护。如果一个企业没有强大的护城河，大概率不适合做逆向投资。

▶ 在一轮价格底部，我会和上一轮价格底部做比较，主要观察两个指标：第一，周期品之间的价格对比，理解这个行业是否在景气最底部；第二，龙头公司的 ROE 和上一轮 ROE 低点对比，理解公司的竞争力是否在变强。

▶ 均值回归对应大的周期波动，而马太效应对应一个周期中的结构变化。总量一定会周期运动，其中的结构也会不断发生变化。

第 14 章

好公司、低估值、高景气度

访谈对象：陈金伟

访谈时间：2021 年 7 月 29 日

    和陈金伟的访谈挺有趣的。本来我们约了一个电话交流，因为他在深圳，我在上海。最后我因为突然有事去深圳，改成和陈金伟当面交流，造就了这一次精彩的面谈。

    陈金伟说不擅长和人交流，交易时间更喜欢听路演和调研，而不是坐在计算机旁盯着价格，这些确实都能在访谈中就有很强的体现。见到陈金伟的时候，他已经坐在会议室里面看报告。他确实没有那种人情世故，一上来就很坦诚地告诉我，可以问他任何问题。他并没有一上来就拿出事先准备过的演示文稿，而是用开放式的态度对待我们的访谈。

    有趣的是，对我的每一个问题，陈金伟都有详细阐述，而且极具原创性。比如，对于如何区分好公司，他有两个原创的维度：胜负已分和空间尚存。他对偏爱的公司做了原创的归类，比如正规军 VS 杂牌军。这种原创的定义，把一些复杂的产业趋势和基本面特征，用非常简单的语言表达了出来。

陈金伟把好公司、低估值、高景气度三者用自己的权重表达出来，体现了他对投资的思考。在陈金伟的框架中，好公司和低估值的权重都非常高，而高景气度的权重是最低的。他提到一点，许多人说低估值不重要，这是用后视镜看大牛股。比如，无论中国还是美国，确实都有很多高估值的公司涨了很多，但回头看，没有人能从未来穿越回来。在认知能力有限的情况下，低估值永远是对不确定未来的保护。此外，市场总是会用幸存者偏差替换概念。

访谈的那一年，陈金伟业绩很好。不过后来几年，他遇到了一些投资的问题。但是无论身处顺境还是逆境，陈金伟总是会在季报中详细阐述自己的投资框架和思路，一直都是一位非常真诚坦率的基金经理。

50% 的好公司 +40% 的低估值 +10% 的高景气度

朱昂：能否先谈谈你的投资框架？

陈金伟： 投资无非三要素：好公司、低估值、高景气度。不同投资方法的差异，主要体现在对这三要素权重分配的不同。我会用一个打分权重把自己刻画出来。权重偏向好公司的人，会侧重在供给侧，比如大家经常讨论的竞争格局和商业模式。权重偏向高景气度的人，会侧重在需求侧，比如短周期的价格上涨和中长周期的产品周期、科技创新周期、产业趋势。权重偏向低估值的人，会侧重在对估值的容忍度。第一种方法代表长期持有优秀企业，第二种方法代表基于基本面景气度的趋势投资，第三种方法代表深度价值策略。

我的权重分配是：好公司占 50%，低估值占 40%，高景气度占 10%。最好的情况是找到三者兼具的投资机会，不过现实中可遇不可求。从我的排序也能看到，好公司和低估值几乎同等重要，但是好公司相对更重要一些，而高景气度在我的框架中不会占那么高的权重。我会看产业趋势，但并不完全依赖产业趋势做投资。

大家对于好公司谈得比较多，比如商业模式、管理层等。我对好公司的理解偏客观，简化一下有两个维度：第一个维度叫胜负已分。我们能看到一家公司相比竞争对手有明显的竞争优势，甩开对手一个身位，或者具有显性的壁垒。第二个维度叫空间尚存。我买一个公司还是要求有成长性，这个成长性未必完全来自行业的成长性，如果公司能扩大市场份额，也是一种成长方式。空间尚存可以看两个指标——渗透率和市占率的提升空间，前者代表行业空间，后者代表公司空间。

从持仓的结果看，我买了很多小行业的龙头公司。我认为小行业龙头优于大行业的老二。我宁愿在一个几百亿元的市场空间中，买一个胜负已分且空间尚存的老大，也不太愿意在一个几千亿元的市场空间中，买一个竞争力不够强的老二。

再说一下低估值，最近几年许多人争论估值重不重要。我觉得看对了一个公司，估值就不重要；看错了一个公司，估值就很重要。举一个例子，如果我们看 A 股的长牛股走势图，像某高端白酒和医药龙头都涨了几百倍，我们就会说任何时间点买入都没问题。就像我现在穿越回 10 年前，会和那个时候的投资者说，高端白酒龙头一定不能因为估值贵了卖，估值是 500 倍都可以买。但是这是典型的幸存者偏差。每个人都不是穿越回来的。真的回到 10 年前，能不能基于当时的认知看对这一批大牛股，我认为是不确定的。大家常说"茅指数"可以躺赢，但是市场已经偷偷把 2021 年跌下来的"茅指数"股票剔除了。往后看，还是会有持续上涨的公司，但这只是我们把表现不好的剔除掉，然后又加进表现好的，不断置换的结果。

我把自己定位成全市场的投资者，对于很多行业自然没有那么强的深度认知，所以一定要尊重估值，好的价格是一种自我保护。高估值并不可怕，关键要有相匹配的认知深度。如果一个人能准确预测未来，那么高估值就不可怕。我对于很多行业的研究深度，根本配不上买高估值，研究有局限，不可能什么都特别懂。所以，我做投资肯定会尊重估值。但是换一个角度，因为看中估值，我也基本上放弃或者不会刻意去追求十倍股、百倍股。

赛道的景气度就是产业趋势。景气度对我的意义是，有增量的市场空间。买一只成长股，在增量蛋糕越来越大的过程中，最容易做大，即便公司的市场份额小一点也没关系。然而，确定的产业趋势不代表确定的公司成长。比如，半导体的产业趋势非常确定，但是我们也看到大量的公司上市，芯片设计环节的供给在大幅增加，给企业的成长带来了较大不确定性。还有创业公司发放股权激励。越是确定的产业趋势，越会带来确定的供给增加，反而会冲击公司成长的确定性。所以对于景气度，我相对来说会比较谨慎。

小市值 ≠ 差公司，大市值 ≠ 好公司

朱昂：许多人都特别看重景气度，为什么在你的框架中，给景气度的权重只有 10%？

陈金伟：我从开始投资，就把自己定义为全市场的投资者，不是只投某一两个赛道。如果给景气度的权重太高，必须要做高频的产业链跟踪，精力势必会被分散。我觉得景气度是快变量，好公司是慢变量，公司的竞争力不需要那么频繁的信息跟踪。比如我买了一个竞争力很强的好公司，即便一个季度销量数据不好也没有关系。反过来说，假如我做某些依赖于单一大客户的景气度投资，一旦大客户对供应商砍单，必然会影响我的买卖决策。因此做景气度投资必须聚焦于一两个行业，这是其一。

其二，完全跟踪景气度趋势走的公司很难定价。假设产业趋势出现了爆发，企业订单翻倍了，这很难用 DCF 模型对企业进行

估值。DCF 模型看重永续增长，企业前两年业绩爆发，到第三年到底怎么样不好说，有些科技企业可能会破产，也有可能比现在增速还快，这些都是我们难以事先预期到的，那么对于快速爆发但是充满不确定性的公司如何估值就比较难说。而相对稳定的商业模式，可以借鉴历史价格中枢。

此外，每一个投资者对这三要素的权重分配，和他的性格、工作方式息息相关。我的工作方式是勤奋挖掘、懒于跟踪。我喜欢挖掘很多公司，但是不希望对一个公司的订单数据进行高频跟踪。从持仓的结果看，我组合中新兴产业和传统产业公司各占一半，但这些公司都有一个特性：对信息跟踪没有那么依赖。这些公司的许多信息，我早一天知道、晚一天知道没有什么差别。不像有些公司，高度依赖跟踪，一些信息早一天知道、晚一天知道有天壤之别。再回到好公司、低估值、高景气度这三个要素，哪一个要素你最看重，实际上就相当于在这一方面你最有信心，但同时也意味着你的风险就暴露在这一方面。比如，你最看重景气度，也就是说你认为你在跟踪景气度方面是最擅长的，那么你的风险就是你对景气度的跟踪出现失误。对我来说可能最薄弱的就是跟踪景气度，那么景气度暴露得少对我反而可能是好事，当然我也很难通过景气度赚到大钱。

朱昂：大家都说选好公司，可是 2021 年许多好公司跌了不少，你是如何取得那么好的收益的？

陈金伟：我觉得大家过去两年对好公司的定义过于脸谱化了，过度从市值角度定义好公司，用结果来推导结果，只要是大市值公司就是优秀的，只要是小市值公司就是不行的。

我相对来说不那么看重市值，更看重客观的财务和经营数据。在 2021 年初小盘股整体低估的时候，我买到了一批向下有估值安全边际、向上有一定弹性的中小市值公司。假设我买一个 100 亿元市值的公司，面对一个几百亿元的小行业，市占率还不算高，但是竞争力足够突出，能不断提高市场份额，管理层也非常优秀，这样一个公司同样是我心中的好公司。

拿 100 亿元市值的公司和 5000 亿元市值的公司比谁的战略格局更大，或者哪个投资者关系做得让投资者觉得更优秀，有些不公平。一个 5000 亿元市值的公司，可能要面对强大的竞争对手，而且即便市场空间很大，公司离天花板也可能很近了。我不太喜欢这种神仙打架的行业，公司竞争力强，对手也很强。此外，优秀管理层的能力是可以不断进化的，我们现在看到的大公司也都是从小公司发展起来的。

一个 100 亿元市值的公司，它面对的竞争对手可能没那么强，离天花板也比较远。对我来说，选神仙打架的千亿级市值公司是一道难题，但选竞争优势明确强于对手的百亿级市值公司是一道简单题。

我喜欢能够实现降维打击的公司，比如：正规军 VS 杂牌军。这在建材、农业等行业中比较普遍。在这类行业中，正规军能吸引到最优秀的人才，能够很清晰地看到谁的竞争力更强。这一类公司中的强者一般就是行业龙头。中国公司 VS 海外公司。海外的一些大公司可能会有一些大公司病，对客户需求的响应速度比较慢。中国的一些本土公司，体量比海外公司小，但对客户需求的响应速度很快，在响应速度上对海外公司实现降维打击。这样的例子，我们已经在很多行业看到了。这类公司中的强者不一定是体量最大的龙头，也可能是行业中现阶段体量较小的公司，但是它们和现在的行业龙头（可能是海外公司）相比反而更有成长性。

朱昂：中国公司和海外公司的竞争，你觉得会在各行业都发生，还是只在某些特定行业发生？

陈金伟：我觉得会有时间顺序，但在制造业的各个细分领域都会发生。比如在智能手机的产业链中就看到了这样的一个过程，因为不断有新的应用出来，国内公司的反应更快。还有办公电子产业的国产化，从下游到上游逐渐转移，现在已经转移到中游，未来会转移到制造业的上游。

我不喜欢两类公司，一类是处于产业转移末期，仍在"内卷"的行业中的公司；另一类是产业转移尚未取得实质性突破，永远在研发，但没有成果的公司。我喜欢"出海"的行业，不喜欢"内卷"的行业。

朱昂：你说不太喜欢神仙打架的行业，能否举一些例子？

陈金伟：短期内有大量公司上市的行业，或者行业里面每一个公司都很强的，都属于神仙打架的行业。像互联网行业，每一个公司都很强，符合我说的神仙打架；消费电子，都内卷化了，你不能说这些公司不优秀；芯片设计行业，新上市的公司特别多，公司有钱了使得薪酬提升很快，每个公司都在抢夺人才，用上市公司的股权来吸引人才。

中等赔率 + 中等胜率

朱昂：能否理解从公司的生命周期看，你不买完全的新兴行业，也不买特别成熟的传统行业？

陈金伟：特别成熟的传统行业，属于胜负已分、空间不大，谁是龙头一目了然，比如水泥行业的龙头，大家都看得清。这种投资胜率很高，但是这种行业在大多数情况下赔率很低。过于新兴的行业，属于胜负未分、空间很大，谁也不知道哪个公司能杀出来。这种投资胜率很低、赔率很高。行业增速小于等于零的或者行业增速翻倍以上的我都不喜欢，我喜欢增长在 5% ~ 30% 之间的行业。

我做投资，希望胜率和赔率平衡。在传统行业的投资上，我希望多一些赔率，但是可能以牺牲一定胜率为代价，适当承担风险，因为在大多数情况下，追求过高的胜率意味着相对低的收益空间。在新兴行业的投资上，我希望多一些胜率，但不追求极高的赔率，放弃找到新兴行业中最大的牛股。

朱昂：你组合里面的许多公司我都没听说过，你是怎么筛选公司的？

陈金伟：我以前尝试过用量化模型筛选，发现效果一般，还不如自己一个个"翻石头"。有些商业模式能通过报表来评价，比如重资产制造业，但是有一些比较困难。我每天都喜欢去翻一些股票，比如要上市的新股，我会去简单看一看。大家总说"要在鱼多的地方打鱼"，但是现在人太多了，不一定能打到鱼。核心资产的问题就是看好的人把估值拔高了，隐含的收益率就不高了。也有人说"不要在盐碱地种庄稼"，我会把"盐碱地"过滤掉。一些项目型公司、扩展性弱的生意，或者非市场化领域的公司，我可能直接过滤掉。

我会看一个公司过去五年收入有没有翻倍，五年翻一番，相对于年化 15% 左右的收入增长。假设不考虑盈利能力的提升和估值的扩张，那么股票投资回报率就等同于收入的增速。收入做不到五年翻倍，说明商业模式的拓展性可能一般，除非这个公司的经营环境发生了正面变化，否则我也会把这类公司排除掉。

还有纯价格模式推动的周期股我也不太感兴趣。我是看化工出身的，但是对纯价格涨跌带来的业绩弹性不是特别喜欢。

朱昂：能否再谈谈你是如何把握好价格的？

陈金伟： 我喜欢在一个公司经营的低点去买，如果用 PB-ROE 的角度来看就是呈现低 PB 和低 ROE 的状态。我是看周期股出身的，会带着周期的眼光看公司。在选股中，我比较喜欢买景气行业中带经营杠杆的公司。比如，一个公司投了一个工厂，会产生很大的前期折旧，在资产负债表里面会体现出正资产，在利润表中会拖累利润。一旦这个公司经营周期向上，利润表就会反过来，呈现比较大的利润弹性。从结果看，有些公司是低 PB 与高 PE 组合，属于我比较喜欢的价格低点。当然这种方式不局限于重资产行业，对于轻资产的科技类公司而言，研发费用的投放就会产生一个周期，其他的比如消费品的销售费用，或者一些公司的人事变动，都会有一个自然的经营周期。

我还会放入一部分景气度权重，因为景气上行阶段，经营杠杆产生的效益往往可以比较快地释放出来。我们看到，2021 年表现比较好的二线锂电池和光伏公司，都或多或少受益于经营杠杆。

当然，无论买什么公司，一定要有竞争优势。

朱昂：但是如果景气度出现下行，带经营杠杆的公司也会双杀，你如何避免？

陈金伟：这就是为什么我会比较看重赔率，高赔率的公司通常下行风险有限，即便看错了带来的下行损失也相对有限。这也是为什么我会对估值有一定要求，估值本身就是对不确定性的一种保护。

我也很看重胜率。我组合里面的公司，都是各个细分行业最优秀的公司，这种公司的胜率是比较高的。

趋势一来，就想着卖

朱昂：像你组合里面做建材、钢构的这类公司，会不会受房地产景气度影响？

陈金伟：首先，我买这些公司的时候，估值都很便宜，隐含了周期向下的预期。其次，我不太买特别强周期的品种。我是看化工出身的，但反而不太会买纯价格弹性的化工股。我买的都是一些弱周期的行业，甚至买的时候景气度偏向下，但估值足够便宜。

大家习惯性地把股价和景气度或者利好信息对应起来。事实上，许多公司在景气度还没有起来的时候，就能够有可观的涨幅。当一个公司足够低估的时候，冥冥之中会有一股力量把股价拉回来，这就是价值的力量。这时候公司对于利好敏感，对于利空迟钝。反过来，一个公司很贵的时候，对于利好迟钝，对于利空敏感，需要不断跟踪高频数据。

所以我并不觉得没有景气度，一个公司的股价就不会涨。此外，许多公司属于典型的价值买入、主题卖出。我们喜欢说自己赚价值的钱，赚公司成长的钱，但是我认为并不存在所谓价值的钱、成长的钱或者景气的钱，重要的是你相信你赚的是什么钱。同样一个公司，从低估到合理再到随着业绩增长而增长，中间会夹杂主题或者景气度的波动，有些人说在其中赚价值的钱，有些人说在其中赚成长的钱，也有人说在其中赚趋势的钱，实际上就是一个简单的价格波动，你内心相信自己在赚什么钱，才是最重要的，人很难赚到认知以外的钱。

我做投资，第一看成长，第二看价值，第三才是看趋势。我愿意买长期有成长、估值偏低，但逆趋势或者不在风口的公司。当然，如果它在风口，并且符合前两个条件就更好了。如果我的股票处在趋势的风口浪尖，我有可能会卖出，对于这种公司或许估值真的完全不重要，但是我自认为没有能力把握。比如，一个公司我买入时点预期的回报是三年一倍，买入的时候希望持有三年以上，但是或许景气度来了，或许是其他因素，可能三个月内就实现了一倍，那这个时候我会评估是否还值得继续持有。一只股票越涨，对我的吸引力就越小。许多人看趋势买股票，我是看到趋势就想要不要卖出。

朱昂：关于如何卖股票，能否再具体谈谈？

陈金伟：估值太贵我基本上都会卖掉，但我也不是只买绝对估值低的公司。我的组合，从结果上看基本上估值在 10 倍～ 50 倍市盈率之间，但是这只是结果。10 倍以下市盈率的公司很多或许是成长性偏弱的公司。要让我买 50 倍以上的公司，必须符合胜负已分与空间尚存这两个条件。说实话，PEG 估值模式依然是主流，这种模式最大的风险是，容易对业绩增长线性外推，尤其是在景气度波动非常大的行业，容易将景气高点的情况线性外推，认为过去 30% 增速的公司未来还能达到 30%。但是可能过去的 30% 增速有行业景气度的因素，而未来这种景气度不一定能持续。但是只要符合胜负已分和空间尚存这两个条件，就大概率能保持高增长很多年，能够给估值溢价。

还有一种是科技赛道中有卡位优势的上游标准化公司，这种公司的业务可能包含了若干"彩蛋"，有潜力长出第二增长曲线。

只有上面这两类公司，我愿意给高估值，其他的都不会买太高。因为我选的公司都属于下游比较分散的、估值波动下有底、上有顶。我放弃了去追求那种能改变世界的公司。

组合是基金经理向外界传达的观点

朱昂：在组合管理上，你是怎么做的？

陈金伟：一个基金经理的组合，是他向外界传达的一种观点。我组合里面的持仓都是有某些共性的，都属于中等赔率、中等胜率的公司。我会在组合管理上屏蔽掉我不想表达的观点。比如我看好什么行业，这个观点在我的组合里是看不到的。我的组合有一半是传统行业，还有一半是新兴行业，我没有满仓单一赛道。我做投资是自下而上选公司，不是买赛道。

我也不希望我的组合里有显著的市值风格。即便中小市值偏多一些，我还是有一些大市值的股票。而且公司市值看起来比较小，仅仅是相比于市场主流品种，如果放在整个 A 股里面并不算小市值。像最近一直有钱进来申购我的产品，我就不愿意把重仓股再买一遍，这样风险很大。顺风的时候买自己的重仓股，可能越涨越高，但是如果业绩表现不好客户赎回，就会在不想卖的阶段砸自己的股票。我从来不觉得自己是一个小市值风格的基金经理，只是目前在自下而上选股中，挑出了一批符合我标准的中小市值公司。我还会刻意去做一些行业的分散，如果同时选到了两个公司，我会看组合里面哪一类公司过多，选组合持仓比较少的行业的那个公司。

朱昂：其实你并不属于小盘风格标签的基金经理？

陈金伟：实际上我并不想贴任何标签，我的组合仅仅是现阶段呈现出来的一个结果。在管理公募基金产品之前，我做过专户投资，投的中大市值公司比较多，当时大市值公司存在又好又便宜的机会。只是 2020 年三季度开始，基于我的选股标准，觉得大市值公司太贵了，从 2020 年四季度开始组合中小市值公司较多，市值大小只是一个结果。我做研究员看过的业绩糟糕公司的数量，可能是市场排名靠前的。当时我看的偏周期性行业，很少有公司真正成为"时间的朋友"。即使是非常优秀的公司，也会随着周期剧烈波动，也就是说好公司还不够，还需要好价格。这也让我在投资上比较看重估值。如果我是看医药、食品饮料或者电子出身的，想法可能会和现在不一样。2019 年和 2020 年上半年很多白马又好又便宜，但是到了 2020 年下半年我觉得这些白马的预期收益率不太高了，而且有可能波动会加剧，很多小公司反过来又好又便宜。

今天，许多大公司的市占率已经很高了，要继续成长可能需要第二增长曲线。一个公司主业好，不代表新业务也能做好。就像一个人语文好，不代表数学也能很好。我买小市值公司，完全是因为它们的性价比更高，在具有同等甚至更优的成长性的同时还具有更好的价格。大家普遍认为大公司确定性强，但是可能在我看来，我的这些小公司确定性更强。

作为一名管理公募基金时间不长的新人，我做投资没有太大的心理负担，不需要让组合呈现某种标签，可以按照自己内心最真实的想法来做。

勤于调研翻石头

朱昂：一方面你很勤奋地"翻石头"，另一方面你又不希望做太多跟踪，为什么会呈现这样一个投资思路？

陈金伟：我并不是不跟踪，只是不喜欢对跟踪的时效性要求太高。我喜欢慢慢看公司的季报，不想一个晚上把公司的季报都看完。我也不太愿意和持仓公司的管理层走得太近。我做投资属于比较"冰冷"的，一旦估值贵了我就会卖掉。如果跟公司关系太熟了，到后面都不好意思卖了。我觉得做基金经理就是无论买还是卖对持有人负责就好了。我也不喜欢打听各种消息，我希望我买的股票对信息的敏感度没那么高。

朱昂：你看了很多公司，是不是大部分时间都在调研？

陈金伟：我前几年调研特别多，这两年稍微少一些了。我是2015年来到目前这家基金的，在这六年时间中，除了投研的人，公司大多数同事都不认识我，因为我一直在外面调研，很少待在办公室，许多人到了2021年才加微信。

朱昂：在你的投资生涯中，有什么飞跃点或者突变点吗？

陈金伟：我在2018年底开始做投资，最初是做专户的产品管理。专户对回撤的要求很高，我就看了一下市场上哪些基金经理回撤小，发现低估值策略的基金经理历史回撤小。我当时对投资的理解比较浅，就用量化的方法筛选出一批净现金比市值还大的公司，再把地产、商贸零售、建筑等行业的公司剔除，因为这些公司手上的是运营现金，不是净现金。

在2019年一季度，我组合里面都是这些跌破净值但长期经营稳定的公司，那个季度我的净值最高涨了40%。到了2019年4月，市场出现了一波大回撤，我的净值回撤了20%，比同期公司的公募基金产品的回撤还要大。

我当时就对这种纯低估值的投资策略进行了反思。首先，毕竟不是公司的大股东，即便公司跌破了净资产，也不可能像格雷厄姆那样把公司买下来再卖掉。其次，这种投资方法看似持仓分散，结果买到了家电、家居、家纺三个行业，实际上都是围绕地产产业链的，有许多共性，表面上看从行业角度分散了风险，实际上暴露了风险。

我觉得，在现阶段的中国用烟蒂股的纯低估值投资有点浪费。中国仍有大量的增量行业存在，有很多有活力的公司，完全看估值做投资，性价比不高。还有一点就是深度价值策略需要非常强的心性，因为价值的修复可能需要非常长期的等待，而修复的过程往往短暂而猛烈，我觉得自己修心还没有到那个程度，我会先选成长，然后基于估值做买入和卖出决策。

投资是认知的套利

朱昂：你觉得自己相比其他基金经理有什么优势吗？

陈金伟：我并不觉得自己有什么优势可言，可能经历上和其他基金经理有些不同。我觉得投资本身就是一种跨期套利，每个人都在找适合自己的套利方式。每个人都有基于自身经验规律的一些套利方式，无论是看中商业模式、管理层、产业趋势还是低估值，实质上都是基于一定概率的套利。我是看化工、机械、建材等传统中游行业出身的，有几个特点：第一，中观视角比较强；第二，看的公司数量和种类确实比较多；第三，相对比较客观，因为做研究员的时候看的行业并不是太好的赛道，所以每看一个公司，除了正向的思考，还有负向的思考，这样结果就比较客观，而不是不断论述并强化好的一面。我觉得自己买公司，是基于认知的套利。我不希望把能力圈建立在一个具体的行业上，而是找到一批公司的共性，用一种投资方法长期赚钱。

朱昂：投资是内外兼修，你如何修心？

陈金伟：我喜欢在交易时间听路演和调研，如果每天坐在计算机旁盯着价格的波动，内心受不了，而且没有任何意义。我发现盘中交易大部分都是错误的，会强迫自己不要盘中交易。我觉得在修心方面仍做得很不到位，但是我会用一些物理的方式减轻这些给我带来的负面影响。

朱昂：如果你不做基金经理，会做什么？

陈金伟：这个问题我没想过。我不太擅长和人打交道，也不太喜欢社交。做投资是一个简单的工作，买卖不需要什么人际交往，这个过程比较简单纯粹，比较适合我的性格。

投资理念与观点

▶ 权重偏向好公司的人，会侧重在供给侧，比如大家经常讨论的竞争格局和商业模式。权重偏向高景气度的人，会侧重在需求侧，比如短周期的价格上涨和中长周期的产品周期、科技创新周期、产业趋势。权重偏向低估值的人，会侧重在对估值的容忍度。第一种方法代表长期持有优秀企业，第二种方法代表基于基本面景气度的趋势投资，第三种方法代表深度价值策略。

▶ 往后看，还是会有持续上涨的公司，但这只是我们把表现不好的剔除掉，然后又加进表现好的，不断置换的结果。

▶ 高估值并不可怕，关键要有相匹配的认知深度。

▶ 好公司、低估值、高景气度这三个要素，哪一个要素你最看重，实际上就相当于在这一方面你最有信心，但同时也意味着你的风险就暴露在这一方面。

▶ 在传统行业的投资上，我希望多一些赔率，但是可能以牺牲一定胜率为代价，适当承担风险，因为在大多数情况下，追求过高的胜率意味着相对低的收益空间。在新兴行业的投资上，我希望多一些胜率，但不追求极高的赔率，放弃找到新兴行业中最大的牛股。

▶ 我喜欢在一个公司经营的低点去买，如果用 PB-ROE 的角度来看就是呈现低 PB 和低 ROE 的状态。

▶ 高赔率的公司通常下行风险有限，即便看错了带来的下行损失也相对有限。这也是为什么我会对估值有一定要求，估值本身就是对不确定性的一种保护。

▶ 同样一个公司，从低估到合理再到随着业绩增长而增长，中间会夹杂主题或者景气度的波动，有些人说在其中赚价值的钱，有些人说在其中赚成长的钱，也有人说在其中赚趋势的钱，实际上就是一个简单的价格波动，你内心相信自己在赚什么钱，才是最重要的，人很难赚到认知以外的钱。

▶ 我觉得投资本身就是一种跨期套利，每个人都在找适合自己的套利方式。

第 15 章

如何稳定战胜市场

访谈对象：王晓宁

访谈时间：2023 年 2 月 1 日

在分解能力和运气的时候，有一个重要指标：稳定性。稳定性越强，通常说明能力越强。比如英超的曼城，是过去 10 年成绩最稳定的英超球队，也有着英超顶级的实力。相反，类似于莱切斯特这样的球队，拿了一次英超冠军后就不太行了，确实实力不够强。

许多人经常问我们：有没有一个超额收益稳定性很强的基金，能够在不同的牛熊风格中战胜市场，又可以持续跑赢主动权益型基金的中位数？这个目标看似不难，要做到并不容易。许多均衡可能只是表面上的均衡，实际依然在某种风格上进行了暴露。超额收益要做到稳定，对基金经理的能力圈要求极高。

王晓宁是少数真正实现这个目标的基金经理。他管理的产品已经连续 14 个季度战胜沪深 300 指数和中证 800 指数。考虑到在此期间，每一个阶段沪深 300 指数和中证 800 指数中有表现的行业都不一样，影响市场的主要矛盾也在不断变化，100% 的季度胜率实属难得。根据万得的数据统计，截至 2022 年四季度末，全市场 7691 只基金中，能连续 14 个季度跑赢沪深 300 指数和中证 800 指数的主动管理型基金只有 2 只。

在实现 100% 季度胜率的同时，王晓宁跑赢同行的胜率也很高。从 2019 年下半年开始到 2022 年底，他的产品跑赢中证偏股型基金指数的季度胜率超过 70%，也就是在超过 70% 的时间里战胜了同类基金，稳定性很高。

作为一名基金经理，最重要的指标就是超额收益能力。但是，大量的历史 Alpha 是被包装过的 Beta。有时候，我们通过风格、行业、市值的偏离等，取得了表面上的 Alpha，可一旦我们所暴露的风格、行业、市值的偏离崩塌，带来的是 Alpha 瞬间的消亡。而王晓宁用相对于沪深 300 指数 100% 的季度胜率证明了他这套体系的 Alpha 稳定性。他是如何做到的呢？

首先，王晓宁原创性地把所有行业划分为七个大行业：中游制造、周期、消费、深度价值、TMT、券商和医药。这个行业分类方法，融合了行业和风格的特点。他在七大行业中进行均衡的配置，让自己不在风格和行业做过多暴露。

其次，王晓宁相信真正不会被市场所影响的是选股带来的 Alpha。他绝大多数的超额收益都来自个股选择。作为研究总监，整个研究团队的选股能力帮助他实现了比较广泛的研究覆盖。当然，王晓宁的组合远远不是简单的"研究精选"，他会基于研究员的推荐做二次筛选，最终尽力用可把控的 60～70 只股票来追踪指数。

最后，王晓宁把六大选股方法（深度价值、稳定成长、高成长、周期成长、周期、困境反转）归结为质地，景气和估值三大因子，在组合内部对这三大因子进行适度平衡。王晓宁懂得，不同的选股方法使用的因子权重不一样。通过对个股归类，他知道各种类型公司的核心矛盾是什么。

王晓宁是我认识很多年的朋友，在我人生不同的阶段，给我带来不少帮助。此次看到老朋友在投资上进步让我感到格外高兴。王晓宁提供了一个有趣的数据：每年市场轮动的次数越多，他相对同行的排名就越高。背后揭示了一个真相：作为群体，基金经理大多没有行业轮动的超额收益能力，轮动节奏越快，大家越容易犯错。王晓宁在 2019 年就想明白了这个问题，放弃行业轮动，专注选股带来的 Alpha。成功的投资，都是从做减法开始的。

相比指数和同业的极高胜率

朱昂：许多基金经理的投资目标是战胜其他基金经理，你的目标是跑赢沪深 300 指数，为什么一开始就设立这样一个投资目标？

王晓宁：我从 2013 年就开始做基金经理，到了 2019 年的时候正好有一年多的时间业绩表现不是特别好，我就想着对自己的投资做一些系统性的改变和优化。我反思了自己过去的投资方法，又做了历史业绩的归因分析，发现我的行业内选股胜率很高，但行业选择做得不好，这是拖累业绩的主要原因。

我年轻的时候总想着把行业轮动做好，看到一个行业有机会就多买一些，看到一个行业没机会就全部清空。但是从数据中看到，我并不是一个能通过行业轮动做出超额收益的基金经理。我作为基金经理的优势是选股能力比较强。

明白了自己的优缺点，就要发挥优势、限制缺点。于是从 2019 年开始，我用主动增强的思路来管理。我有两个投资目标：一是投资目标的底线是跑赢沪深 300 指数；二是跑赢偏股型基金中位数。

朱昂：你的"主动管理指数增强"策略，和量化的指数增强不同，能否谈谈你是怎么做的？

王晓宁：本质上，我的选股方法、持股周期都与主动型基金一致，我还是坚信陪伴上市公司成长是创造收益的主要来源。不同之处是，我约束了行业和风格偏离，并执行了更有纪律的交易策略，这让我的基金成为更重视组合管理的主动型基金。如果把管理基金比喻成炒菜，那么选股就是选择食材，烹饪就是组合管理，我的产品与量化产品的区别在于食材选择，我的基金与主动权益基金的区别在于更重视组合管理，也就是烹饪流程更加标准化一些。

我有一个独特的行业划分方法，把申万 31 个行业分为 7 个大行业：中游制造、周期、消费、深度价值、TMT、券商和医药。这个方法是我过去几年探索了很久后形成的，融合了行业和风格的特点。我在 7 个大行业分类的基础上，主要做行业内的选股。

我有两个具体的投资目标，一个是力争每年相对沪深 300 指数实现 8% ～ 10% 的超额收益，另一个是希望产品能稳定战胜同行。从过去的数据归因看，我实现了这两个投资目标。根据海通证券的数据，截止到 2022 年 10 月底，我的产品回报 12 个月、6 个月、3 个月和 1 个月滚动战胜同类某基金的胜率为 100%、92%、76%、67%。根据万得数据，2019 年三季度到 2022 年四季度，产品相对沪深 300 指数的季度超额收益胜率为 100%，月度超额收益胜率为 67%；相对中证 800 指数的季度超额收益胜率为 100%，月度超额收益胜率为 76%。整体的超额盈亏比超过 2，体现了比较好的风险收益比，客户的持有体验也是比较好的。

从进一步的情景分析中看到，我在市场处于成长风格中会表现占优，在价值风格中能守得住，持仓风格会偏成长一些。牛熊的上涨下跌对我的胜率并没有太大影响，成长价值风格会有一些影响，在成长风格占优的情况下有更强的超额收益。

从这些客观的数据指标中，能发现我的产品已经能成为机构投资者的底仓型品种，提供稳定的风险收益特征和战胜同业、指数的投资能力。

那么我是怎么实现这个结果的？就是依靠选股积累胜率，不做风格和行业的暴露，始终保持一个均衡的组合。我不做特定风格或行业的暴露，只在划分好的七大行业内部选股。我的这套方法，不仅覆盖了七大行业的选股，还涉及六种选股方法：深度价值、稳定成长、高成长、周期成长、周期、困境反转。这六种选股方法又能归结为质地、景气和估值三个因子的组合。七个行业、六种方法、三个因子，基本就能概括我的方法论。

均衡需要广阔的能力圈

朱昂：你的方法听上去似乎很简单，就是用均衡的组合选 Alpha？

王晓宁：我做了这些年投资后，发现均衡对一个基金经理的要求很高。客户对一个优秀的均衡型基金经理的要求是，在滚动的 6～12 个月内排名市场前 1/2 甚至 1/3。这就要求一个基金经理在几种风格和不同的行业轮动中，没有明显的短板。说实话，这个要求是比较苛刻的，因为 A 股市场的风格和行业切换比较剧烈，基金经理很难什么类型的公司都有了解，也不会擅长所有的风格。

我之所以能实现均衡风格下比较可靠的选股超额收益，除了在行业分类上提前均衡了风格因素，还依靠稳定的选股能力，同时也受益于研究总监的职业身份。这一套体系，参考了研究精选的方式，能够把我们内部研究员的推荐体现出来。此外，我从业的时间比较长，早期从房地产链条看起，后面又看了消费，加上管理研究部那么多年，研究总监的职业训练会使得能力圈相对较宽，受益于研究支持的力度也更多一些。

均衡的投资，很依赖基金经理个人的能力圈，也很依赖研究团队的能力。从结果上看，我的研究团队是比较"能打"的，这些年的效果不错。

朱昂：你过去 14 个季度每一个季度都跑赢沪深 300 指数，这么高的胜率是怎么实现的？

王晓宁： 从内部的归因分析看，大部分的超额收益来自选股，小部分来自行业内的有限偏离。我绝大部分精力都花在行业内选股上，我的要求就是大类行业内要有稳定的超额收益。这意味着我们研究员的选股组合要持续跑赢行业基准，我自己的个股筛选也要有超额收益。我每周都会看超额收益的数据，一旦某些行业持续负超额，就需要反省。

朱昂：你的风格很均衡，能否谈谈在行业配置层面，你是怎么做的？

王晓宁： 我的均衡风格是一个结果，本质上是我放弃了通过行业轮动获得收益。适度的内部行业偏离，主要来自对细分领域景气度的感知。此外，我天然会在成长方向有一定超配。

举个例子，在一个大的消费板块里面，是配 9 个点白酒还是 7 个点白酒，这完全取决于自下而上的选股。我的做法是，除了一些市值权重占比较大的个股，绝大多数股票都用 1.5 ～ 2 个点的等权重去买，整个组合用 60 ～ 70 只股票跟踪指数。再通过定期的回顾，限制住在七大行业中的偏离。

质地、景气和估值的不可能三角

朱昂：在选股层面，你之前提到质地、景气和估值，能否展开谈谈你更偏向哪些因子？

王晓宁： 质地、景气、估值，在选股中极少同时具备，如果同时具备，大概率是我看错了。常态下，需要放弃一个因子。

质地是我选股的前提条件。我的团队并不是一个很大的研究团队，不可能要求研究员什么类型的股票都挖掘。我对研究员的要求是，龙头白马股不能看错，行业也不能看错。有了质地作为选股的前提，就一下子把全市场的股票收窄到 500 只左右。

有了前提，不同风格的基金经理再按照景气和估值进行划分。比如，我们内部有均值回归做得非常好的基金经理，他就是质地加估值。我的风格偏成长，是质地加景气。这也是为什么我的风格是均衡偏成长，并且在成长风格中的胜率更高。

我把估值作为风险评估的手段。如果一个公司的估值太高，更多的是一种风险的提示。比如，某些成长股的市值水平已经隐含了达到成熟阶段的渗透率，但估值还是有 50 ~ 60 倍，这时候怎么算都无法解释估值的合理性。那么，我可能就会卖出某个标的，其实就是隐含收益率不够了。

大多数情况下，在我的体系中，估值是一个结果，并不代表绝对估值低的品种一定会涨。估值是长周期的稳定因子，持仓周期越长，有效性越高。如果投资周期没有那么长，而且要追求胜率的稳定性，那么景气趋势就是更重要的指标。我重视三年维度下，公司所处的景气位置和方向，以及管理层是否具备足够的能力实现景气。研究景气看得越长远，在股价上实现的效率越高，这也是长期与短期的另一种辩证。

朱昂：能否分享一个有代表性的投资案例？

王晓宁：我的高胜率来自整个组合，并不是靠选到牛股然后重仓。在我的这套体系中，对于组合的关注度超过了单一个股。我追求的是，组合在不同市场环境下，都要有比较强的适应性。我的研究员通过选股给我提供比较好的原材料，我自己再把这些原材料加工成符合我组合的一道道菜。

我分享一个具体的例子，或许能更形象地体现我的选股 Alpha。我的组合里面有一个做预调鸡尾酒的龙头公司，属于比较典型的困境反转类。我刚开始介入的时候，这个公司还属于稳定成长类。公司的质地不错，属于预调鸡尾酒的龙头，并且经历过 2015 年行业比较差的周期。可以说，从质地上看，这个公司是过关的。

我做第一笔买入交易时，是以稳定成长框架下的性价比为主要理由的。等到后面疫情出现，公司的反应比较滞后，于是基本面受到了比较大的冲击。我做过一些草根调研，公司的预调鸡尾酒是买不到的。这个阶段，公司股价出现了比较大的下滑。

那个时候，我比较笃定公司已经进入困境反转的投资框架，长期有比较强的竞争力，短期出现了景气问题，导致了股价的大幅下跌，未来公司估值会修复到正常水平。

之后，公司又开发了一款酒精度更高的产品，从原来针对女性独饮的 3 度酒市场，拓展到了男性社交的 5 度和 8 度酒市场，增加了新的消费场景。目标客户也从女性，变成了男女都覆盖，拓宽了长期发展空间。一旦新产品成功，公司的模式会从困境反转中慢慢走出来，所以在整个过程中，我一直持有这只股票。

朱昂：关于交易上的纪律，能否稍微展开谈谈？

王晓宁： 我的买入交易偏右侧多一些，第一笔买入会在目标仓位的一半，后面等到公司调整再加仓。也有一些公司根本没有调仓的机会，所以通常涨幅很大的股票，我买入的量是不够的。

我的卖出根据每一只股票的隐含收益率目标，不同的方法论对应的收益率目标不一样。一旦隐含收益率显著降低，我就会卖掉一部分。如果有新的选股发现，也会做一些替代。

组合并不是简单的研究精选

朱昂：在组合构建上，你前十大重仓股的集中度不高，能否谈谈组合构建的做法？

王晓宁： 我构建组合的核心考量，是行业内的选股能不能跑出超额收益，所以组合构建的底层思维偏向于自下而上的选股。当研究员重点推荐了某只股票，我们内部认同，并做了各方面的求证都觉得没问题之后，就会开始买入。我买入的每一只股票都按照 1.5 ～ 2 个点的仓位出发，然后在交易上优化。

对于整个组合的持仓数量，我们也做过很多思考。我的组合，多数的选股来自内部研究员，但不是研究精选，如果将研究员的推荐大部分纳入组合，基金经理就失去了对组合的把控。我对研究员推荐的采纳是很苛刻的，基本上只有两三成的个股筛选率，大部分个股都是因为质地不过关，没有被我纳入组合。研究员对于景气度的感知比基金经理更敏感，但是对质地的判断不如基金经理。有些时候，研究员会推荐一些偏黑马或者灰马的股票，但这些股票在质地上有各种瑕疵。

我会在不熟悉的行业中，采纳研究员更多一些，但对抗也会更激烈一些。更多的时候，我需要和研究员重新复盘选股的起因，推演逻辑、事实的准确性。

均衡的力量 + 选股的 Alpha = 超额收益的稳定性

朱昂：从归因数据看，你的超额收益稳定性很高，这是怎么做到的？

王晓宁：我觉得有两个原因：第一是均衡的力量。通过均衡的组合，我并不在风格或者行业做过多暴露，那么在不同类型的市场中，都能实现一定的超额收益。当然，实现均衡的难度也很大，需要基金经理的能力圈很宽。

第二是选股的 Alpha。只有选股的 Alpha 是不受风格轮动影响、长期存在的。这也证明，我在选股中获得的超额收益是比较稳定的。

我能够持续战胜同行，除了选股成功率较高外，另一个因素就是放弃了大的行业轮动。说到行业轮动，有一个很有趣的数据：如果市场在一年内行业或者风格轮动次数越多，我的相对排名就越靠前。如果市场一整年没有任何行业或者风格轮动，我的相对排名就会比较靠后。所以在 2020 年 "茅指数" 全年表现很强的时候，我的相对排名就没有那么高。

从这个数据中能看到，我战胜同行有一部分原因来自他们在行业轮动上的犯错。每一次轮动，大家作为一个群体没有整体的正超额收益，有人做对，也有人做错。轮动的次数越多，整体犯错的概率就越高，反而拖累了整体收益率。我不做轮动，主动控制组合的均衡性，一旦某个风格表现很好，我会做出纪律性的减仓，效果就比较好。

从结果看，我过去三年相对沪深 300 指数的超额复合收益率接近 20%，比 8% ～ 10% 的目标高了不少。

朱昂：但是在选股层面，有些方法就对应某一种类型的投资，比如高 ROE 更偏向质量风格。你如何在选股层面实现比较好的多样性？

王晓宁：我给研究员上的第一课，就是个股归类的错误。比如，我们一开始有个研究员把某个困境反转的公司归类为稳定成长。不同的方法，对应的三因子权重不一样。如果分类出现了错误，那么最后的结论也是错误的。我们不能用同一种角度审视所有公司，就是因为公司类型不一样，需要注重的角度有差异。比如，对于深度价值的公司，分红率就很重要；对于周期股的投资，质地就没有那么重要，景气的位置和方向就很重要，在一轮向上的周期中，有时候质地最差的公司涨得最好。

分类错误很常见，比如深度价值与稳定成长混淆、稳定成长与高成长混淆、周期与周期成长混淆。分类搞错了，再确定的景气感知或者估值低廉，都会偏离方向。我能够实现比较高的选股胜率，也是因为做了比较正确的个股分类，再以对应的方法去分析。

本质上，我用质地、景气和估值三个因子解释六个选股方法，又把这六个方法应用到七个行业分类里。所以，这套方法可以应对大多数的市场变化，适用性比较宽。

朱昂：所以你的这套方法，在市场风格不变的情况下，会表现得不太好吗？

王晓宁：在风格不轮动的市场里，我要跑赢指数很轻松，但是要跑赢同行就比较难。我的选股也比较看重质地和景气因子的结合，在没有景气的宏观环境下，选股也会比较困难。所以，我比较怕宏观的衰退周期。

2022 年就是一个对这套方法有点挑战的年份。好在我们选到了不少困境反转的股票，许多股票都在最底部拿到了，度过了这段艰难的时间。

飞跃在于理解什么更适合自己

朱昂：在你的投资生涯中，有没有一些飞跃点或者突变点？

王晓宁：2019 年是我比较难受的阶段，也让我做出了反思，整个投资体系都有比较大的变化。那一年最大的进步是，我明白了自己的行业轮动对超额收益有负向贡献。于是，我从 2019 年开始，完全放弃了大的行业轮动。这是一次比较大的变化。

最初放弃行业轮动的时候，内心还有些忐忑。运行了一段时间后，发现这么做并没有给我带来问题，还因为更加聚焦提高了我的选股胜率。

2022 年也是有比较大进步的阶段。前面提到，我这套方法最怕的是经济衰退周期。理论上 2022 年的超额收益是很难做的。最终，我们通过找到一批困境反转的公司，守住了超额收益。

朱昂：你怎么看待投资中的压力？

王晓宁：对我来说，压力来自跑不赢沪深 300 指数。其实最近我的压力就不小，由于价值风格比较极致，我在价值风格上的胜率只有 50% 左右，而且股票仓位的上限只有 80%，靠的是适当配置转债去替代一些深度价值股票。但是，前一段时间金融股一直涨，转债却出现下跌，影响了我的 Alpha。

那么怎么解决呢？我的这套方法论，确实会有阶段性表现一般的时候。这时候，只能和我们的客户进行坦诚沟通，并且快速复盘，好在这个产品的业绩归因是很清晰的。如果是风格或者行业偏差带来的，我会很快调整。我这个产品主要面向机构客户，其中一类是跑行业均衡的多头客户，还有一类是跑对冲的量化客户。如果我阶段性没有做出超额收益，会感受到量化客户的压力。我非常重视他们的需求，首先这是基金业绩的底线之一，其次就是这个策略刚开始做的时候，是量化产品的客户先买进的，陪伴我走了 3 年时间。

投资理念与观点

▶ 我有一个独特的行业划分方法，把申万 31 个行业分为 7 个大行业：中游制造、周期、消费、深度价值、TMT、券商和医药。这个方法是我过去几年探索了很久后形成的，融合了行业和风格的特点。

▶ 依靠选股积累胜率，不做风格和行业的暴露，始终保持一个均衡的组合。

▶ 均衡的投资，很依赖基金经理个人的能力圈，也很依赖研究团队的能力。

▶ 我的做法是，除了一些市值权重占比较大的个股，绝大多数股票都用 1.5 ～ 2 个点的等权重去买，整个组合用 60 ～ 70 只股票跟踪指数。

▶ 只有选股的 Alpha 是不受风格轮动影响、长期存在的。

巴芒投资学

分类	译者	书号	书名	定价
坎宁安作品	王冠亚	978-7-111-73935-7	超越巴菲特的伯克希尔：股神企业帝国的过去与未来	119元
	杨天南	978-7-111-59210-5	巴菲特致股东的信：投资者和公司高管教程（原书第4版）	128元
	王冠亚	978-7-111-67124-4	巴菲特的嘉年华：伯克希尔股东大会的故事	79元
哈格斯特朗作品	杨天南	978-7-111-74053-7	沃伦·巴菲特：终极金钱心智	79元
	杨天南	978-7-111-66880-0	巴菲特之道（原书第3版）	79元
	杨天南	978-7-111-66445-1	巴菲特的投资组合（典藏版）	59元
	郑磊	978-7-111-74897-7	查理·芒格的智慧：投资的格栅理论（原书第2版·纪念版）	79元
巴菲特投资案例集	杨天南	978-7-111-64043-1	巴菲特的第一桶金	79元
	杨天南	978-7-111-74154-1	巴菲特的伯克希尔崛起：从1亿到10亿美金的历程	79元